Petites entreprises

Petites entreprises

Planification financière pour les propriétaires d'entreprise

TRÉCARRÉ

Données de catalogage avant publication

Vedette principale au titre :
Petites entreprises : planification financière pour le propriétaire d'entreprise
(Comment gérer son argent)
Traduction de : Small business.
Comprend un index.
ISBN 2-89249-779-5
1. Gens d'affaires — Finances personnelles. 2. Petites et moyennes entreprises —
Finances. 3. Planification financière. 4. Investissement. I. Groupe Investors.
II. Collection.
HG179.S5214 1998   332.024'338   C98-940645-8

L'édition originale de cet ouvrage a paru en anglais sous le titre Small Business: Financial
Planning for the Owner of the Business.

Publié pour le Groupe Investors par Alpha MediaTM
151, rue Bloor ouest, bureau 890, Toronto, Canada M5S 1S4

CONCEPTION GRAPHIQUE : Adele Webster/ArtPlus Limited
COUVERTURE : Riccardo Stampatori
MISE EN PAGES : Valerie Bateman/ArtPlus Limited

ISBN 2-89249-779-5

Dépôt légal - 1998
Bibliothèque nationale du Québec
Imprimé et relié au Canada

Les renseignements contenus dans le présent ouvrage sont communiqués à titre d'informations générales seulement et ne doivent pas être considérés comme une sollicitation ni une
recommandation en faveur de l'achat ou de la vente de titres de placement particuliers. Ils
n'ont pas non plus valeur de conseils juridiques. Les investisseurs éventuels sont invités à
examiner soigneusement le rapport annuel, les prospectus simplifiés et les notices annuelles
des fonds avant de prendre leurs décisions de placement. L'exactitude des renseignements
présentés n'est pas garantie, et il est recommandé aux lecteurs de demander à leur conseiller
financier de les guider dans leurs choix en fonction de leur situation particulière.

Le logo et le dessin IG du GROUPE INVESTORS sont des marques déposées qui sont
la propriété du Groupe Investors Inc. et sont utilisés sous licence.

Éditions du Trécarré
Saint-Laurent (Québec) Canada

Nous reconnaissons l'aide financière du gouvernement du Canada par l'entremise du
Programme d'aide au développement de l'industrie de l'édition pour nos activités d'édition.

Quelques mots sur le Groupe Investors

Le Groupe Investors est un chef de file canadien dans le secteur des services financiers personnels. Il offre des services de planification financière, un ensemble unique de fonds de placement et une gamme complète d'autres produits et services de placement, y compris des régimes d'épargne-retraite, des assurances, des prêts hypothécaires et des certificats de placement garanti.

Fondé en 1940, le Groupe Investors a connu un remarquable développement, et son personnel de vente professionnel et dévoué sert maintenant près d'un million de clients d'un bout à l'autre du pays. Nos efforts reposent sur une stratégie à long terme qui peut s'exprimer en quelques mots simples — travailler en relation étroite avec les clients afin de comprendre leur situation présente et leurs préférences en matière de placement, et de les aider à atteindre leurs objectifs à long terme sur le plan aussi bien financier que personnel.

Le Groupe Investors est membre du groupe de sociétés de la Corporation Financière Power.

Remerciements

Ce livre est le résultat de la collaboration du personnel de trois sociétés. Susan Yates et Arnold Gosewich, d'Alpha Media, ont amorcé et coordonné le projet. Une importante équipe spécialisée — planificateurs financiers accrédités, comptables, avocats et spécialistes des placements — du Groupe Investors a fourni les renseignements concernant la fiscalité et la planification financière ainsi que l'orientation générale des stratégies proposées aux consommateurs aux différentes étapes de leur existence. Greg Ioannou, Sasha Chapman et Peggy Ferguson, du Colborne Communications Centre, ont coordonné la rédaction, la révision et l'indexage. Claude Gillard a assuré la traduction en français.

Quelques mots sur le présent livre

Petites entreprises vise à vous aider, en tant que propriétaire d'entreprise, à gérer vos finances personnelles. Ce livre est axé uniquement sur vos finances personnelles et non sur les finances de votre entreprise. Il vous donnera les outils nécessaires pour penser plus clairement et de façon plus pratique à votre situation personnelle et vous éclairera sur les questions à vous poser pour faciliter la réalisation de vos rêves. L'ouvrage n'est pas un guide pratique pour se débrouiller seul. En fait, bon nombre des sujets présentés font intervenir des questions complexes de droit, de finances et de fiscalité qui ont été simplifiées pour les rendre plus accessibles.

Chaque vie et chaque entreprise étant différentes, il serait impossible de couvrir toutes les possibilités en un seul ouvrage. Les lecteurs sont instamment invités à discuter avec des spécialistes de leur situation personnelle.

Quelques mots sur la présente série de livres

Petites entreprises est le dernier d'une série de quatre livres. Il cherche à répondre aux besoins particuliers des propriétaires de petite entreprise. Les trois autres livres sont les suivants :

À vos marques s'adresse aux investisseurs débutants.

Les années de croisière s'adresse aux investisseurs d'âge moyen et particulièrement à ceux qui veulent planifier leur retraite.

Vive la retraite est axé sur les investisseurs qui ont déjà pris leur retraite.

Table des matières

La liberté financière pour le propriétaire d'une petite entreprise

Votre entreprise, l'avenir et vous

Vous rêvez de liberté, de possibilités. Et c'est là que la planification financière entre en jeu. Peu importe qui vous êtes et le type d'entreprise dont vous êtes propriétaire, peu importe votre âge, vous aimeriez réaliser certains rêves. Mais votre avenir personnel aura un effet sur votre entreprise et vice versa, et il va falloir que vous appreniez comment équilibrer ces deux parties intimement liées de votre vie. C'est en apprenant à gérer votre argent que vous pourrez atteindre cet équilibre et réaliser vos espoirs et vos rêves d'avenir. Vous voulez que votre entreprise continue à croître — peut-être rêvez-vous d'essaimer ailleurs, de tenter vos chances sur la scène internationale, d'embaucher de nouveaux employés. Peut-être aimeriez-vous aussi acheter une nouvelle maison ou un chalet. C'est pour cela qu'il faut planifier judicieusement. Comment voyez-vous l'avenir? Avez-vous l'intention de prendre votre retraite? De ralentir? Qu'arrivera-t-il à votre entreprise? La laisserez-vous ralentir avec vous? La transmettrez-vous à quelqu'un d'autre? Aimeriez-vous que vos enfants prennent la relève? Ou bien l'affaire fermera-t-elle ses portes quand vous mourrez? Qu'il y ait un seul revenu ou deux dans votre famille, que votre entreprise en soit à l'étape du démarrage, de la croissance ou de l'expansion, vous pourrez aller plus loin avec votre argent si vous le gérez mieux.

Le grand secret

Contrairement à ce que l'on a tendance à penser, la planification financière n'est pas un froid exercice de grippe-sous obsédé par chaque dollar qu'il dépense. En fait, c'est une activité humaine et chaleureuse parce que c'est le moyen de réaliser ses rêves. Gérer son argent, c'est tirer davantage de chaque dollar — et cela signifie réaliser ses rêves et mener la vie que l'on s'est choisie. Vous ne seriez pas en train de lire ce livre si vous n'aviez pas envie de vous bâtir la meilleure vie possible sans perdre de vue les intérêts de votre entreprise. Tout le monde mérite d'être indépendant financièrement sur les plans personnel et familial, et tout le monde peut l'être. Ajoutez aux renseignements proposés une dose de bon sens, une vision claire de vos objectifs et le désir de renforcer certaines habitudes, et vous voilà parti.

Les années de vaches grasses et les années de vaches maigres

Être propriétaire de son entreprise, c'est être totalement autonome. Sur le plan des finances personnelles, l'autonomie n'a jamais été plus importante, et tout nous dit que nous allons devoir compter davantage sur nous-même et moins sur les autres. En tant que petit entrepreneur, vous avez déjà résolu une partie du problème : vous prenez vos propres risques et vos propres décisions. Vous êtes en charge. Vous n'êtes pas employé et vous n'avez pas à craindre les mesures de réduction du personnel et l'approvisionnement à l'extérieur. Mais la stabilité financière de votre entreprise vous préoccupe et vous êtes touché comme tout un chacun, et même plus, par les décisions gouvernementales concernant notre filet de sécurité sociale. Vous devez vous occuper de votre avenir. De façon générale, il est plus difficile d'obtenir des avantages sociaux, les avantages sont moins intéressants et les cotisations exigées sont plus élevées. C'est pour cette raison qu'il est plus important que jamais de planifier sa retraite. Et comme l'espérance de vie des Canadiens n'a jamais été aussi

QU'ENTEND-ON EXACTEMENT PAR PLANIFICATION FINANCIÈRE?

Les éléments clés de la planification financière sont les suivants :

- Planifier sa retraite.
- Réduire ses impôts au minimum.
- Utiliser le crédit à bon escient.
- Être prêt à faire face aux imprévus.
- Se protéger et protéger sa famille contre la perte de revenu en cas de décès ou d'invalidité.
- Faire des placements qui rapportent sans prendre de risques indus.

La planification financière consiste essentiellement à bien gérer son argent et à préparer l'avenir.

longue, il faut non seulement mieux s'occuper de soi mais s'en occuper plus longtemps. C'est pour cela que la planification financière est importante. Surtout pour vous qui êtes indépendant parce que l'autre côté de la médaille de l'indépendance, c'est que vous ne pouvez compter que sur vous-même. Prenez votre argent en charge. Cela vous permettra de faire face aux difficultés et de vivre encore mieux le reste du temps. Cela vous aidera à arriver sans peine là où vous voulez aller.

L'équilibre c'est la santé

À titre de propriétaire d'entreprise, vous êtes dans une situation unique. Vous n'allez pas au travail tous les matins, et personne ne vous remet un chèque à la fin du mois. Vous êtes votre propre patron et c'est vous, souvent, qui donnez leur chèque à vos employés. Mais, comme ces derniers, vous avez une vie personnelle et des responsabilités financières privées. Le défi qui se pose à vous, c'est de maintenir l'équilibre entre ces deux parties de votre vie. Si vous vous êtes constitué en société, la loi peut protéger vos biens non commerciaux contre vos créditeurs en cas de faillite commerciale, mais personne ne peut vous empêcher de grever vos finances personnelles pour soutenir votre entreprise. La clé de la santé, pour les petits entrepreneurs, c'est d'établir et de conserver un équilibre entre ces deux facettes de leur vie.

Prenez en charge votre vie financière

Votre plan financier sera aussi personnel que vos empreintes digitales parce qu'il doit être fait sur mesure — correspondre à votre situation et à vos objectifs particuliers. Mais les composantes de base de toutes les stratégies financières réussies sont les mêmes et, ce qui est rassurant, c'est qu'elles sont simples. La clé est de définir ses principaux buts dans la vie, de se fixer les objectifs financiers correspondants et de trouver les stratégies financières qui permettront de les atteindre. Alors, commencez par vous renseigner et appliquez ce que vous avez appris.

- Définissez vos objectifs à court terme les plus importants, ceux qui s'appliquent aux cinq prochaines années. Puis passez aux objectifs à plus long terme, par exemple ceux qui visent les 10 ou 20 prochaines années. Classez-les par ordre d'importance.
- Organisez-vous. Vous y êtes probablement habitué, mais vos finances personnelles sont-elles aussi bien organisées que vos finances commerciales? Si vous voulez sérieusement évaluer votre présente situation, vous devez mettre les choses en ordre. Alors, si ce n'est déjà fait, prenez le temps de trier les papiers qui traînent dans vos tiroirs à la maison.
- Demandez-vous si vous serez capable de mettre suffisamment d'argent de côté pour atteindre vos objectifs dans les délais que vous vous êtes fixés. Vous pourriez avoir besoin de modifier certaines choses maintenant pour mieux vous y retrouver plus tard.

LES CINQ ÉTAPES DE L'INDÉPENDANCE FINANCIÈRE

1. Planifiez vos objectifs à long terme :
   - Sachez où vous voulez en être dans 10 ans (c.-à-d. quels gros achats vous aimeriez faire, comme un camion, une maison ou un chalet) et commencez à économiser en conséquence.
   - Investissez dans un REER. La retraite est plus proche que vous ne le pensez.
   - Commencez à faire régulièrement des économies pour permettre à vos enfants de poursuivre des études supérieures.
   - Réfléchissez à l'avenir de votre entreprise et à la façon dont vous procéderez si vous décidez de la vendre, de la céder ou de ralentir en douceur.

2. Gérez vos emprunts et vos dépenses :
- Ne perdez jamais de vue votre trésorerie.
- Utilisez le crédit avec sagesse et remboursez les dettes qui vous coûtent le plus cher et ne sont pas déductibles.
- Veillez à rembourser vos dettes personnelles avant de prendre votre retraite.

3. Dotez-vous d'une stratégie de placement efficace :
- Mettez de l'argent de côté pour les urgences (au minimum trois mois de revenu) ou assurez-vous que les rentrées de votre entreprise pourront continuer à vous assurer un revenu personnel.
- Fixez-vous des objectifs financiers pour la retraite.
- Adaptez votre stratégie et le niveau de risque de vos placements à l'étape de votre vie.
- Évaluez la performance de vos placements au moins une fois par an.
- Veillez à placer une partie de l'argent que vous retirez de votre affaire.

4. Réduisez vos impôts au minimum :
- Renseignez-vous. Il existe toutes sortes de déductions d'impôt, de crédits et de stratégies — trouvez-vous un bon conseiller financier qui vous oriente avec sagesse.
- Vous êtes dans une situation unique qui vous permet de contrôler vos cotisations à un REER; alors gérez votre revenu gagné de façon à vous permettre des cotisations raisonnables et versez-y le total du montant autorisé.

5. Protégez-vous, ainsi que votre famille et votre entreprise :
- Adaptez votre couverture d'assurance à vos besoins (souscrivez assez d'assurance invalidité pour remplacer toute perte de revenu avant la retraite).
- Ne mélangez pas vos finances personnelles et les finances de votre entreprise.
- Assurez-vous que votre famille ne perdra pas sa sécurité financière si vous ou votre conjoint veniez à disparaître.
- Si vous n'êtes pas l'unique propriétaire de votre entreprise, assurez-vous que vous avez signé une convention d'actionnaires ou un contrat d'association.
- Protégez votre succession contre les impôts excessifs et veillez à ce que vos biens soient distribués dès que possible conformément à votre volonté.

Deux étapes suivront une fois que vous aurez élaboré votre plan et que vous l'aurez mis en œuvre :

- Suivez vos progrès. Cela signifie que vous devrez procéder au moins une fois par an à une réévaluation de votre valeur nette en soustrayant vos dettes du total de vos éléments d'actif. Quand on est jeune, l'évaluation sert essentiellement à acquérir de bonnes habitudes. Plus tard, elle vous indiquera où vous en êtes et sera l'occasion soit de hisser le drapeau rouge, soit de vous féliciter.

- Réévaluez vos objectifs de temps en temps. Ce sera évidemment nécessaire en cas d'événement important, comme un mariage, un divorce ou un héritage, ou en cas d'expansion ou de déclin marqué de votre entreprise. Mais votre situation évolue de toutes façons avec le temps, indépendamment des événements. Ne perdez pas le contact.

L'ESPÉRANCE DE VIE

Si vous êtes en bonne santé, que vous ne fumez pas, que vous avez entre 45 et 55 ans et que vous êtes Canadien, vous pouvez espérer vivre jusqu'à 80 ans. Cela signifie que, même si vous ne prenez pas votre retraite avant 65 ans, ce que peu de gens font de nos jours, votre revenu de retraite devra vous permettre de vivre pendant 15 ans. Si vous prenez votre retraite à 55 ans, vous devrez avoir amassé assez d'argent pour vivre pendant 25 ans, une période presque aussi longue que votre vie active. Bien sûr, personne ne peut prédire l'heure de sa mort, mais lorsque l'on planifie sa retraite, optimisme et pragmatisme vont de pair.

Faites-vous la vie belle

Avoir la vie belle, ce n'est pas simplement s'acheter les choses dont on a envie. C'est aussi avoir l'esprit tranquille et ne pas être obligé de se demander si on pourra conserver son entreprise et le toit qu'on a sur la tête. Avec un plan d'épargne, vous pourrez vivre de façon plus détendue.

En mettant de l'argent de côté, vous vous défendrez à l'avance contre les événements inattendus. Vous pourrez encaisser les coups durs si vous mettez tous les mois un certain pourcentage de votre revenu dans un compte d'urgence. À titre de propriétaire d'entreprise, vous avez peut-être une solution de rechange : veiller à ce que votre affaire soit suffisamment solide pour vous permettre de surmonter les difficultés financières.

Vous avez déjà des soucis financiers et vous devez équilibrer vos finances personnelles, s'il fallait que vous n'ayez rien sur quoi retomber en cas de besoin, votre situation serait catastrophique. En planifiant à l'avance et en épargnant pour parer aux éventualités, vous continuerez à bien vivre, même si les choses ne tournent pas comme vous l'aviez prévu.

La retraite et la succession

Toutes ces décisions — quand prendre votre retraite et que faire de votre entreprise — sont plus proches que vous ne le pensez. Pour arriver à bon port, il faut avoir une idée claire de sa destination. Il vous est peut-être encore difficile de voir les choses en détail, mais il est essentiel que vous ayez une idée générale de vos désirs et de vos besoins. Demandez-vous ce que vous aimeriez faire :

En ce qui concerne votre entreprise :

- Réaliser la valeur réelle de votre entreprise si vous la vendez.
- Ralentir en douceur vos activités.
- Céder votre entreprise à une personne de votre famille, un associé, un employé ou un ami formé pour l'administrer.

En ce qui concerne votre retraite :

- Maintenir le style de vie que vous aviez avant la retraite.
- Voyager.
- Travailler, poursuivre votre carrière à titre de consultant.
- Faire de nouvelles études.
- Vous acheter une deuxième maison ou un chalet.
- Laisser un héritage derrière vous.
- Passer du temps à faire du travail bénévole ou à recueillir des fonds pour des organismes de bienfaisance.

VOS OBJECTIFS DE VIE

Vous êtes la seule personne en mesure de définir vos objectifs et vos priorités dans la vie. Faites-le maintenant, car tout le reste en dépend. Une fois que vous aurez déterminé ce qui est le plus important pour vous, vous pourrez demander à un expert de vous aider à définir vos objectifs financiers et les stratégies correspondantes. Vous pourrez ainsi vous tailler une vie à votre mesure.

- Reprendre des passe-temps abandonnés depuis longtemps.
- Vous initier à de nouveaux sports comme le golf, le ski ou la voile — ce qui peut être coûteux.

Vous ne voulez pas que la fin de votre vie de travail marque le début d'une querelle familiale ou le déclin de votre niveau de vie. Les clés du succès sont la communication au sein de la famille et une bonne planification financière. Il est important de calculer ce dont vous aurez besoin pour vivre et, bien qu'il n'existe pas de formule magique, il y a trois facteurs dont il faut déjà tenir compte :

1. Le nombre d'années qui vous séparent de la retraite.
2. Ce dont vous pensez avoir besoin pour vivre par an.
3. L'inflation, ce qui nécessite un rajustement des chiffres.

Nous examinerons les REER en détail aux chapitres 3 et 4.

Les objectifs qui permettent d'augmenter la valeur nette

L'augmentation de votre valeur nette devrait figurer en bonne place sur la liste de vos objectifs de vie car c'est elle qui vous permettra de réaliser vos rêves — une plus belle maison, une retraite anticipée, la possibilité de voyager. Alors faites dès maintenant la liste de ce que vous voulez faire avant de prendre votre retraite pour augmenter votre valeur nette. Comme vous le verrez, certains des articles sur la liste que nous proposons ci-dessous concernent le remboursement des dettes, d'autres l'achat de biens, ce qui vous entraînera peut-être à emprunter de l'argent. La liste pourrait ressembler à ce qui suit :

- Je veux amortir mon hypothèque.
- Je veux que mon entreprise prenne de l'essor.
- Je veux payer le solde de ma carte de crédit.

LES PRINCIPES DE BASE

Au moins une fois par an, évaluez votre situation financière personnelle ainsi que vos objectifs financiers à court et à long terme. Dressez un plan réaliste pour atteindre ces objectifs. Appliquez-le et tenez-vous y. Vous n'avez pas besoin de tout savoir. Utilisez un conseiller financier comme vous utiliseriez un médecin — profitez de ses connaissances pour assurer votre santé financière.

- Je veux acheter une nouvelle maison, un chalet, ou une voiture.
- Je veux faire des placements pour faire fructifier mon argent et augmenter mon indépendance financière.

Ces sujets seront tous discutés en détail dans les chapitres suivants.

Les trois incontournables

Pour vous assurer la plus grande solidité financière possible tout au long de votre vie, suivez les trois principes simples suivants :

1. Remboursez en priorité les dettes personnelles à coût élevé et non déductibles du revenu imposable.
2. Commencez à économiser (si ce n'est pas déjà fait) en vue de votre retraite.
3. Réduisez vos impôts au minimum en utilisant toutes les déductions et stratégies, tous les crédits auxquels vous avez droit, aussi bien sur le plan commercial que personnel.

Ces règles n'ont peut-être rien de très excitant, mais à long terme elles ont un pouvoir incroyable. L'astuce est d'arriver à y rester fidèle à travers les surprises et les bouleversements de la vie. C'est là qu'il faut trouver des stratégies et des systèmes, faire des choix, jouer avec les priorités et ainsi de suite. Mais si vous suivez ces principes, beaucoup d'autres choix s'en trouveront facilités. Ils seront discutés en détail plus loin dans le livre.

LES BONNES DETTES ET LES MAUVAISES DETTES

Vos parents vous ont peut-être dit qu'il ne fallait jamais faire de dettes, mais ce n'est pas toujours vrai.

Bonne dette : une dette dont on tire des avantages et qui augmente l'actif, comme un prêt d'exploitation d'entreprise ou même un emprunt qui permet de faire fructifier son REER. Certains types de dette sont même déductibles.

Mauvaise dette : une dette due à un excédent de dépenses, par exemple l'argent que l'on a emprunté pour faire le tour des vignobles de France alors qu'on ne pouvait pas vraiment se le permettre. Les dettes qui coûtent cher sont également de mauvaises dettes. La pire dette est celle que l'on accumule à grands frais sur sa carte de crédit.

COMMENT VA VOTRE SANTÉ FINANCIÈRE? **?**

LES BONS SIGNES

- Vous connaissez votre valeur nette (y compris la valeur de votre entreprise), vous savez quand vous voulez prendre votre retraite et vous vous êtes fixé des objectifs financiers dans ce sens.

- Vous avez amorcé un programme d'épargne pour veiller à mettre régulièrement de l'argent de côté pour atteindre les buts que vous vous êtes fixés. Rien de compliqué. Juste quelque chose qui vous convient et convient à vos objectifs.

- Vous vous êtes protégé contre les désastres possibles avec un fonds d'urgence et une police d'assurance.

- Vous avez l'intention de rembourser toutes vos dettes avant de prendre votre retraite.

- Vous avez fait un testament.

- Vous cotisez au maximum à votre REER. Si vous en avez retiré de l'argent pour acheter une maison, vous l'avez remplacé à temps pour éviter de payer des impôts.

- Vous avez toujours assez d'argent de côté pour les impôts et les urgences.

LES MAUVAIS SIGNES

- Vous vivez d'une semaine à l'autre et vous n'êtes pas prêt en cas d'urgence.

- Vous ne balancez pas vos comptes. En fait, vous ne savez même pas combien d'argent vous avez, et la stabilité financière de votre affaire est pour vous une source de soucis constants.

- Vous n'avez pas d'économies, pas de biens ni d'assurance en cas d'urgence. Vous aimeriez bien, mais vous n'y arrivez jamais.

- Vous utilisez votre carte de crédit et vous empruntez de l'argent, et vous ne payez même pas toujours les intérêts dûs sur vos dettes. Celles-ci augmentent. Elles ne diminuent pas.

- Vous n'avez pas de testament.

- Vous ne pouvez pas vous permettre de cotiser au maximum à votre REER; vous en avez même peut-être sorti de l'argent que vous n'avez jamais remis en place.

- Vous ne pouvez pas payer vos impôts mensuels, trimestriels ou annuels.

- Vous utilisez vos économies pour payer les factures de votre entreprise.

LES BONS SIGNES

- Si vous vous êtes constitué en société, vous avez choisi de vous payer des dividendes, un salaire ou une combinaison des deux pour réduire au minimum le total de vos impôts et augmenter au maximum votre limite de cotisation à un REER.
- Vous préparez à temps vos états financiers.
- Si vous n'êtes pas le seul propriétaire de l'entreprise, vous avez signé une convention d'actionnaires ou un contrat d'association.
- Vous savez ce que vous voulez faire de votre entreprise lorsque vous prendrez votre retraite ou en cas de décès.

LES MAUVAIS SIGNES

- Vous mélangez les prêts personnels et les prêts d'affaires.
- Vos états financiers consistent en une vieille boîte à chaussures que vous refilez au comptable quand elle déborde.
- Vous avez le sentiment que certains membres de votre famille intriguent pour chercher à prendre la suite de votre entreprise quand vous prendrez votre retraite ou que vous viendrez à disparaître.

Hier, aujourd'hui et demain

Vous connaissez peut-être l'histoire de ce citadin perdu sur une petite route de campagne qui demande son chemin à un fermier. «Moi, si je voulais aller là, dit le fermier, ce n'est pas d'ici que je partirais.» C'est une attitude que l'on retrouve dans la gestion des finances personnelles et qui devient facilement un obstacle majeur. Cela revient à dire : «Bien sûr, c'est un but à atteindre éventuellement, mais ce n'est pas le bon moment pour commencer.»

Une autre façon de voir les choses, c'est qu'il n'y a pas de meilleur moment pour commencer. Que vous soyez au début de votre vie et que vous utilisiez la plus grande partie de vos ressources pour lancer une entreprise ou que, reconnu dans votre domaine, vous récoltiez enfin les bénéfices de votre dur labeur, aujourd'hui demeure le premier jour du reste de votre vie financière.

Sachez que la planification financière est comme l'exercice physique — le plus important, c'est de commencer. Peu importe à quelle distance vous êtes de la retraite — même si vous commencez seulement maintenant à planifier, vous avez encore le temps de faire travailler vos finances à votre avantage. Vous n'avez même pas besoin de regarder en arrière et de regretter ces années où vous auriez dû faire quelque chose en prévision de votre retraite.

Les spécialistes et vous

Il y a toutes sortes de spécialistes autour de vous qui sont prêts à vous conseiller, à vous expliquer les choses et à vous offrir des produits et des services. Courtiers en valeurs mobilières, conseillers financiers, comptables, gestionnaires de portefeuille, agents d'assurance et avocats, vous avez le choix.

Si vous utilisez déjà les services d'un spécialiste financier, en êtes-vous satisfait? En tant que propriétaire d'entreprise, vous avez sans doute eu votre part de conseillers. Mais ne partez pas du principe que votre comptable ou votre avocat peut vous donner les meilleurs conseils sur tous les sujets. Cherchez un conseiller financier spécialisé pour vos finances personnelles. Les spécialistes tiennent à vous avoir pour client. Cela vaut donc la peine d'en rencontrer plusieurs pour trouver celui qui convient le mieux à vos besoins. Choisissez votre spécialiste financier comme vous choisiriez un médecin ou un dentiste. Vous pouvez demander à des amis de vous recommander quelqu'un, mais vérifiez ses titres de compétence et suivez votre instinct. Il vous faut quelqu'un avec qui vous vous sentez à l'aise et à qui

ASSEZ TERGIVERSÉ

- Mettez fin à votre régime d'inanition et commencez à jouir de la vie. Le régime sec — financier ou autre — ne marche pas. C'est le bon sens qui marche.
- Intégrez le sens de l'argent à votre vie quotidienne.
- Adoptez un régime financier équilibré : gagnez, dépensez et économisez. Suivez les résultats. Faites les rajustements appropriés, mais n'oubliez jamais les trois principes de base.
- Souvenez-vous que tout régime sain comprend des petits plaisirs. L'essentiel est de ne pas dépasser les limites.
- Réfléchissez à vos objectifs de retraite et intégrez dès maintenant à votre vie des mesures qui permettront de les respecter.
- N'hésitez pas à demander de l'aide. Vous prendriez un avocat si vous alliez en cour et vous consulteriez un chirurgien si vous deviez vous faire opérer. Un conseiller professionnel qui travaille avec un organisme de renom peut vous aider à planifier vos objectifs et à les atteindre.

PLANIFIER, TOUJOURS PLANIFIER

Si vos finances sont solides, votre style de vie le sera. Commencez à mieux contrôler vos finances. Et la clé du contrôle est la planification. Les régimes de paiements préautorisés, les programmes de placement et les régimes de retraite vous donneront tous davantage de souplesse pour vos choix de vie à long terme.

vous pouvez faire confiance. Et, par-dessus tout, quelqu'un qui a l'expérience des finances personnelles d'un propriétaire de petite entreprise. Beaucoup de conseillers financiers sont aussi des travailleurs autonomes et ils ont une connaissance de première main des défis, des craintes et des possibilités qui sont les vôtres.

Tous les spécialistes financiers ne font pas payer leurs services. Il arrive souvent que (comme les agents de voyage), ils soient payés par les distributeurs de produits financiers. Même si vous avez pris tous vos renseignements et que vous avez confiance en vous dans le cadre de votre vie «normale», il se peut que vous perdiez quelque peu vos moyens la première fois que vous consulterez un conseiller financier. Nous vous suggérons de faire ce qui suit pour tirer le maximum de la rencontre :

- Préparez-vous. Remplissez toutes les formules qui vous ont été remises à l'avance, emportez tous les papiers que l'on vous a demandé de présenter et notez par écrit les questions que vous voulez poser. Soyez prêt à donner des détails sur tous les aspects de vos finances familiales. Vous serez peut-être un peu mal à l'aise pour commencer, mais les conseillers ont besoin de tous ces renseignements pour vous aider du mieux possible.
- Assurez-vous que le spécialiste s'est également préparé. Cette personne est-elle prête pour la rencontre? Connaît-elle bien votre dossier et les documents que vous y avez joints? A-t-elle tout ce qu'il faut pour suivre l'ordre du jour?
- Écoutez avec attention. Posez des questions chaque fois que vous voulez davantage de renseignements ou que vous ne comprenez pas bien ce qu'on vous dit. Ce n'est pas à vous de deviner — c'est au spécialiste d'être clair. Les spécialistes accueilleront bien vos questions parce qu'ils tiennent à ce que vous compreniez ce qu'ils vous disent. Méfiez-vous de quelqu'un qui ne vous laisse pas parler.
- Prenez des notes. Vous risquez de ne pas bien vous souvenir plus tard de certaines choses qui vous ont semblé claires sur le coup.

- Couvrez tous les sujets notés sur votre liste, mais ne perdez pas de temps. Même si vous n'êtes pas facturé à l'heure — chose à vérifier — c'est faire preuve de politesse que de ne pas vous écarter du sujet.
- Pratiquez tout suivi nécessaire et veillez à ce que le spécialiste le fasse aussi.

Surtout, n'oubliez jamais qu'en fin de compte, la décision dépend de vous. Il s'agit de votre vie et de votre argent. Les spécialistes peuvent vous conseiller et vous aider, mais c'est vous qui êtes en charge. C'est votre responsabilité et votre droit.

C'EST LE TEMPS OU JAMAIS

C'est maintenant qu'il faut réfléchir à la façon dont votre actif est distribué si vous voulez faire fructifier votre argent au maximum avant la retraite.

Résumé

Contrairement à beaucoup de gens autour de vous, vous avez une certaine habitude de la gestion de l'argent. Sinon, votre entreprise aurait fermé ses portes depuis longtemps. Ce qui est peut-être nouveau pour vous, cependant, c'est la nécessité de vous occuper de vous-même aussi bien que de votre entreprise et de planifier vos finances personnelles de façon que les deux aspects de votre vie restent sainement équilibrés. Pour parvenir à cet équilibre, vous devez commencer par vous poser certaines questions qui pourront servir de jalons au reste de votre planification financière.

- Comment puis-je concilier les besoins de mon entreprise avec les besoins de ma famille et notre avenir commun?
- De quoi ai-je besoin à court et à long terme?
- De quoi ai-je envie à court et à long terme?
- Dans quel ordre de priorités puis-je classer ces besoins et ces désirs?
- Ai-je des besoins particuliers associés à la présente étape de mon existence?
- Suis-je suffisamment au courant de tout ce qui touche aux impôts, aux placements et aux stratégies financières pour me passer d'un conseiller professionnel?

- Comment puis-je appliquer à mon entreprise les principes de la gestion saine des finances personnelles?
- Comment puis-je concilier mes saines habitudes d'épargne (et de dépenses) avec mon style de vie et mes objectifs financiers?

N'oubliez pas d'évaluer votre situation financière au moins une fois par an ou de réévaluer vos objectifs financiers à court et à long terme régulièrement et chaque fois qu'il y a un changement majeur dans votre vie (mariage, divorce, décès dans la famille, etc.). Dressez un plan réaliste et confortable pour atteindre ces objectifs. Et puis, il faudra simplement passer à l'action. Après tout, un plan ne vaut pas grand-chose s'il reste simplement un plan!

UNE FOIS ENCORE
LES TROIS GRANDS PRINCIPES :

1. Remboursez en priorité les dettes qui coûtent cher et qui ne sont pas déductibles du revenu imposable.

2. Commencez à économiser (si ce n'est déjà fait) en vue de la retraite.

3. Réduisez vos impôts au minimum en utilisant toutes les déductions et stratégies, et tous les crédits auxquels vous avez droit, aussi bien sur le plan commercial que personnel.

CHAPITRE 2

L'actif et le passif

Que vous y ayez réfléchi consciemment ou non, vous avez probablement un plan financier. Mais comment lui donner une orientation? Ou le réévaluer quand votre situation change? Votre famille a peut-être maintenant deux revenus, mais elle a peut-être aussi doublé ses dépenses. Comment rajuster vos attentes pour tenir compte des changements dans votre vie? Considérons deux situations typiques.

Madeleine

Madeleine, qui a 49 ans, vient de finir de payer sa voiture, mais elle se demande maintenant si elle ne va pas finir à l'Armée du salut. Elle est médecin de famille, emploie une infirmière et une secrétaire à plein temps, et elle calcule que son cabinet lui a rapporté un revenu brut de 170 000 dollars au cours des dernières années. Une fois payés ses employées, ses déductions et ses impôts, cependant, il ne lui reste guère plus de 50 000 dollars et, avec une hypothèque, les nouvelles coupures imposées aux soins de santé, l'augmentation des frais de secrétariat, deux enfants qui ont besoin d'appareils orthodontiques, de vêtements, de manuels scolaires... les choses ne sont pas aussi roses dans la réalité que sur le papier. En outre, Madeleine est une mère célibataire. Elle commence à se demander sérieusement comment assurer l'avenir de ses enfants sans leur sacrifier le sien et sans compromettre le cabinet qu'elle a bâti à la sueur de son front.

Georges et Suzanne

Georges, qui a maintenant 60 ans, et Suzanne, qui en a 50, ont acheté une librairie il y a 10 ans et tout a bien marché jusqu'ici. Ils se spécialisent dans les livres de cuisine et les livres pour enfants et ils ont un personnel de six personnes dont les connaissances sont appréciées par les clients. Mais les marges sont faibles — un livre qu'ils vendent 10 dollars leur coûte 7,15 dollars à l'achat, et les gens consacrent maintenant davantage de leur temps libre aux vidéos, aux revues et à la navigation sur Internet. Ils se demandent s'ils ne devraient pas modifier légèrement leur orientation et remplacer un mur de livres par des vidéos. Même si le bénéfice n'est que de 10 pour 100, cela vaudrait la peine. Ils ont deux enfants étudiants, mais ils n'en ont qu'un à leur charge, l'autre faisant son stage dans un cabinet d'avocats. Georges et Suzanne doivent encore payer leur hypothèque pendant quelques années, mais les primes d'assurance de Georges semblent augmenter presque tous les jours car c'est un fumeur invétéré. Bien sûr, il y a toujours le risque qu'une grande chaîne ouvre un magasin au bas de la rue et leur rende la vie impossible, mais ils essaient de rester optimistes. Leur revenu combiné est d'environ 82 000 dollars, mais leurs placements sont éparpillés et doivent être réévalués, et Georges (qui pense à ralentir bientôt et même peut-être à prendre sa retraite) n'arrive à mettre que 200 dollars par mois dans son REER, et il est quelque peu inquiet de son avenir.

Jean

Jean est riche. Il a su flairer à temps l'évolution de la technologie des communications et il a pris un quart d'heure d'avance sur tout le monde. Résultat, il dirige maintenant une entreprise de conception numérique qui emploie 60 personnes et travaille dans des secteurs de pointe comme la conception des pages Internet des nouvelles sociétés de communication axées sur le Web, la création de présentations informatiques en direct et le montage sur CD ROM des rapports trimestriels de certaines des sociétés les plus importantes du Canada. Il consacre toute son énergie à rester en tête de son secteur (sans compter celle qu'il dépense pour arracher les meilleurs talents à ses concurrents) et il porte 10 ans de plus que ses 41 ans. Il réussit magnifiquement dans tous les domaines sauf un : il garde son argent dans l'équivalent financier d'un matelas. Il a toutes sortes de comptes d'épargne et de comptes chèques qui débordent d'argent, mais ne lui rapportent quasiment rien. Il n'a pas de REER. Il n'a pas non plus d'hypothèque (il a acheté sa maison comptant). Son sens des affaires lui dit que la réussite d'aujourd'hui est le filet de sauvetage de demain. Il a vu bien des gens passer de la prospérité à la débâcle et il commence enfin à se demander s'il ne devrait pas mieux s'occuper de son argent.

L'avenir commence aujourd'hui

La vie professionnelle de Madeleine, Georges, Suzanne et Jean leur est à la fois une source de craintes et d'espoirs. Ils ne sont pas aussi sûrs d'eux qu'ils le voudraient et ils ne savent pas exactement où ils en sont et où ils vont. Ils ont cependant conscience que leur avenir et celui de leur famille dépendent des décisions qu'ils prendront aujourd'hui.

C'est peut-être exactement votre cas. Compte tenu de l'instabilité des marchés et des petites entreprises, personne ne peut prédire son avenir financier. Même si votre nom est sur toutes les lèvres aujourd'hui, vous risquez de n'être plus qu'un souvenir demain. Bien que nul ne puisse lire le futur de vos finances dans une boule de cristal, vous pouvez réfléchir aux différentes options qui s'offrent à vous. Ce qu'il faut, c'est commencer par voir clairement où vous en êtes actuellement.

Combien valez-vous financièrement?

Il n'existe pas de profil unique du petit entrepreneur. Peut-être que, vos études juste terminées, vous lancez votre première entreprise. Peut-être, au contraire, que vous avez beaucoup d'expérience derrière vous et que vous en êtes aux années de croisière. Peut-être approchez-vous de la retraite.

Quoi qu'il en soit, votre formation en gestion d'entreprise vous a appris à suivre de près la valeur de votre entreprise. Mais connaissez-vous votre valeur personnelle sur le plan financier? De quels biens disposez-vous? Souvenez-vous que la définition d'un bien n'est pas la même à 20 ans et à 45 ans. Si vous dirigez une entreprise depuis des années, ce n'est plus la chaîne stéréo dernier cri que vous pouvez considérer comme un bien important, c'est votre entreprise, votre maison ou votre chalet. Vous avez probablement aussi contracté certaines dettes — cartes de crédit, prêt sur la voiture ou prêt hypothécaire. Alors, êtes-vous dans le rouge ou dans le noir? Faites-vous fructifier votre actif ou gaspillez-vous votre argent? Vos dettes sont-elles trop lourdes pour vous? Aurez-vous remboursé vos emprunts et fait fructifier votre actif au maximum quand vous prendrez votre retraite (même si cela semble loin)? Avez-vous un plan pour faire travailler votre argent? Pour calculer votre valeur réelle, vous devez examiner votre actif et votre passif.

L'actif

Les gens se font une idée bizarre de ce qui constitue un élément d'actif parce qu'ils ont tendance à confondre les biens réels avec les choses qui ont une valeur personnelle ou sentimentale. Vos employés constituent de toute évidence un élément d'actif (du moins faut-il l'espérer), mais nous parlons ici des biens qui ont une valeur sur le marché. Il y a deux principaux types d'actif : les actifs à usage personnel et les placements. Les placements comprennent les espèces, les actions, les fonds de placement et les obligations — ainsi que l'argent investi dans votre entreprise. Nous en discuterons au chapitre 8. Les principales catégories d'actifs à usage personnel comprennent ce qui suit :

- la résidence principale, la résidence d'été (qui peut aussi être un placement)
- l'équipement (cela comprend votre ordinateur personnel, non celui que vous utilisez pour vos affaires, bien que, vu son taux de dépréciation, il ne restera pas un actif bien longtemps)
- les véhicules
- les meubles
- l'équipement photographique
- les bijoux

Le passif

Quand on acquiert un bien, il ne faut pas oublier l'autre côté de la médaille : le passif, c'est-à-dire la dette que l'on a contractée pour l'acheter. À moins d'avoir le portefeuille de notre ami Jean, vous ne pouvez sans doute pas tout payer comptant. Comme vous le verrez, il est normal de contracter des dettes pour acquérir des biens, et cela peut être à votre avantage à condition de faire preuve de bon sens. Vous trouverez ci-dessous une liste de certaines dettes courantes :

- prêts hypothécaires
- emprunts
- marge de crédit (personnelle)
- marge de crédit (commerciale)
- cartes de crédit
- factures non payées

La valeur nette de qui?

Avant de remplir la feuille de calcul de la valeur nette proposée ci-dessous, réfléchissez à ce que vous évaluez. Est-ce seulement votre valeur nette personnelle ou la vôtre et celle de votre conjoint? Si vous assumez ensemble le coût de certains biens (comme la maison familiale et la voiture) et certaines dettes (comme le prêt hypothécaire et le prêt sur la voiture), peut-être vaudrait-il mieux calculer la valeur nette de votre ménage. Par contre, si vous voulez savoir ce qui est à vous, vous pouvez faire des calculs séparés.

Le calcul de la valeur nette

Maintenant que vous savez en quoi consistent l'actif et le passif, le moment est venu de voir où vous en êtes. Remplissez la formule suivante pour calculer si vous êtes dans le noir ou dans le rouge.

ACTIF

Votre entreprise (vous verrez dans le chapitre suivant
comment évaluer votre entreprise) _____ $

Comptes de dépôt

Institution   Montant
                                                _____ $
                                                _____ $
                                    Total   _____ $

Assurance-vie (valeur de rachat nette)

Compagnie   Montant
                                                _____ $
                                                _____ $
                                    Total   _____ $

Pensions

Société   Montant
                                                _____ $
                                                _____ $
                                    Total   _____ $

Placements non enregistrés
(actions, fonds, CPG, obligations, hypothèques
en faveur de tiers, intérêts commerciaux, etc.)

Institution   Montant
                                                _____ $
                                                _____ $
                                    Total   _____ $

REER (y compris le REER de conjoint)

Institution   Montant
                                                _____ $
                                                _____ $
                                    Total   _____ $

Biens immobiliers (maison, chalet, autre)   Montant
                                                _____ $
                                                _____ $
                                    Total   _____ $

Autres éléments d'actif (équipement, meubles,
bijoux, œuvres d'art)   Montant
                                                _____ $
                                                _____ $
                                    Total   _____ $

Comptes à recevoir (prêts à votre entreprise, à
la famille et aux amis, remboursement d'impôt attendu)   Montant
                                                _____ $
                                                _____ $
                                    Total   _____ $

TOTAL DE L'ACTIF   _____ $

PASSIF

Hypothèques

Prêteur   Montant dû

_____   _____ $

Emprunts

1. Prêteur   Montant dû

_____   _____ $

2. Prêteur   Montant dû

_____   _____ $

3. Prêteur   Montant dû

_____   _____ $

Comptes à payer

(cartes de crédit, impôts, factures impayées)   _____

_____

_____

Total   _____ $

Autres dettes (cautionnements, obligations personnelles)   Total   _____ $

TOTAL DU PASSIF   _____ $

VALEUR NETTE

C'est là que ça devient sérieux. Soustrayez le total du passif du total de l'actif.
Vous obtenez votre valeur nette.

TOTAL DE L'ACTIF   _____ $

TOTAL DU PASSIF   _____ $

TOTAL DE LA VALEUR NETTE   _____ $

Ce que signifie réellement le calcul de votre valeur nette

Si vous êtes en bonne santé financière, le résultat ne devrait pas être négatif. Mais vous n'êtes peut-être pas aussi riche que vous le pensiez. Il se peut que vous soyez dans le rouge si vous avez plusieurs prêts à rembourser. Pour calculer si votre passif est trop élevé, regardez ce qu'il représente en paiements mensuels. Si ces paiements dépassent 40 pour 100 de votre revenu personnel net, vous feriez peut-être mieux de passer tout de suite au chapitre 9 sur la gestion des dettes. Mais, avant de sombrer dans l'angoisse, rappelez-vous que le calcul de votre valeur nette comporte une marge d'erreur. Par exemple, si vous êtes propriétaire d'une maison, une baisse de sa valeur marchande peut vous mettre dans le rouge, même si vous n'avez pas l'intention de vendre. Ou une flambée soudaine du marché immobilier peut relever artificiellement votre actif. Quelle que soit votre valeur nette, vous désirez l'augmenter. Il y a deux façons simples de procéder :

- Modérez vos habitudes de dépenses.
- Faites des placements judicieux pour permettre à votre argent de mieux travailler et de vous donner un meilleur rendement.

L'AUGMENTATION OU LA PERTE DE VALEUR

Quand on achète quelque chose d'important, comme un chalet, un ordinateur ou une voiture, il faut se demander si la valeur du bien a des chances d'augmenter ou de diminuer. S'il faut s'attendre à ce que sa valeur diminue, combien de temps comptez-vous le conserver? Avez-vous l'intention de le revendre? Dans l'affirmative, la valeur perdue par le bien sera-t-elle plus qu'amortie par l'usage que vous en aurez fait? Serait-il préférable de louer? Si la valeur du bien risque d'augmenter, dans combien de temps pensez-vous le revendre? Auriez-vous avantage à louer et à mettre la différence dans un fonds de placement à haut rendement?

LES HABITUDES BÉNÉFIQUES

✔ Faites un budget pour l'année et tenez-vous y.

✔ Pensez à vous en premier en prévoyant un programme d'épargne automatique ou en augmentant celui que vous avez déjà. Mieux encore, renseignez-vous sur la possibilité d'établir un REER collectif pour votre entreprise.

✔ Calculez quels seront vos besoins quand vous prendrez votre retraite. Vous changerez d'activités et vos habitudes de dépenses ne seront pas les mêmes. Il est bon de se préparer à l'avance à ces changements.

✔ Examinez comment vous utilisez vos cartes de crédit. Est-ce que vous pouvez en payer le solde tous les mois? Courez-vous le risque de devoir utiliser votre REER pour payer vos cartes quand vous prendrez votre retraite? Dans ce cas, vous pourriez envisager d'utiliser plutôt votre carte de débit. (Les cartes de crédit coûtent habituellement entre 16 et 18 pour 100 par mois en intérêts; les cartes des grands magasins entre 25 et 30 pour 100 par an.)

✔ Apprenez à acheter. Renseignez-vous avant d'acheter des choses importantes. Consultez les revues spécialisées si vous voulez acquérir un véhicule ou une machine, ou les faire réparer. Renseignez-vous pour trouver ce qu'il y a de moins cher (cela s'applique aussi à des choses comme l'assurance automobile).

✔ Envisagez de faire un emprunt si vous ne pouvez pas mettre le maximum autorisé dans votre REER cette année. (Il arrive souvent que le coût de l'emprunt soit plus que compensé par le revenu que vous tirerez des intérêts composés de votre REER.) (Voir le chapitre 4.)

✔ Veillez à mettre de l'argent de côté tous les mois pour payer vos impôts.

LES HABITUDES NÉFASTES

✗ Acheter des choses dont on n'a pas réellement besoin.

✗ Laisser son argent dans un compte d'épargne à faible intérêt et laisser l'inflation le dévaloriser.

✗ Laisser passer la date limite de dépôt dans un REER simplement parce qu'on
n'a pas l'argent nécessaire. (Cela signifie que vous paierez davantage d'impôts, alors prenez l'habitude de cotiser tous les mois.)

✗ Attendre la date limite pour cotiser à un REER. Cela réduit votre revenu. Les
cotisations versées pendant l'année produisent un revenu composé dont
l'imposition est reportée.

✗ Posséder plus de cartes de crédit que nécessaire. Ce n'est pas parce qu'une
société vous envoie une demande pour une carte platine qu'il faut la remplir.
Quand on approche de la retraite, les invitations à faire des dettes sont des
tentations à éviter.

MAXIMISEZ-VOUS LES GAINS QUE VOUS RETIREZ DE VOTRE ENTREPRISE?

Puisque c'est vous qui vous payez, votre revenu est intimement lié à la situation de votre entreprise. La grande question est alors la suivante : faites-vous
toutes les économies possibles dans votre entreprise pour maximiser le salaire
que vous pouvez vous offrir? Que ce soit une question de gestion intelligente
des stocks ou d'utilisation efficace du personnel, ou qu'il s'agisse de décou-
vrir pourquoi votre argent s'évapore (entre autres douzaines de raisons), votre
revenu personnel dépend au moins en partie de votre propre ingéniosité.

À l'autre extrême, certains petits entrepreneurs sont tellement obsédés par
leur désir de réduire leurs impôts qu'ils se retrouvent sans revenu personnel —
ce qui signifie qu'ils ne peuvent pas cotiser à un REER et ne veulent pas cotiser
au RPC ou au RRQ. Ces économies à court terme sur les impôts pourraient
signifier le désastre de vos finances personnelles quand viendra le moment de
la retraite.

Les habitudes financières

Si l'on veut économiser de l'argent, la chose évidente à faire est de réduire ses dépenses. Jetez un coup d'œil sur les listes d'habitudes suivantes. Vous en reconnaîtrez peut-être que vous pourriez renforcer ou éliminer. Un certain nombre de ces idées seront reprises dans les chapitres suivants.

Soyez prêt

Maintenant que vous avez une idée de votre point de départ, de votre destination et de ce que vous voulez, il devrait être plus facile d'établir votre itinéraire. Mais, tout comme vous avez consulté des spécialistes dans votre domaine avant de lancer votre entreprise, vous devez faire des recherches sur les placements personnels possibles avant de commencer à jouer avec l'argent que vous avez durement gagné.

Vous devrez éventuellement vous adresser à un conseiller financier (que vous pouvez considérer comme votre conseiller en affaires), mais, auparavant, ce livre vous aidera à vous familiariser le mieux possible avec ce nouveau pays à explorer et à en apprendre la langue et les coutumes. Après tout, il n'est pas facile au début de se retrouver dans la jungle épaisse des produits et des services financiers disponibles sur le marché, et c'est assez intimidant. Ce livre peut vous aider à répondre à des questions comme : Qu'est-ce qu'un certificat de placement garanti? Quel type d'assurance répond le mieux à mes besoins? Comment fonctionnent les marchés boursiers? Est-il plus sûr d'acheter des fonds de

LES DÉBITS AUTOMATIQUES

Trouvez le moyen de verser vos cotisations à votre REER — collectif ou personnel — avant d'avoir une chance de dépenser l'argent pour autre chose. Les services de débit automatique représentent un excellent moyen de mettre de l'argent de côté pour l'avenir. Et ces prélèvements ne vous feront pas souffrir, car vous ne vous rendrez même pas compte qu'il a été déduit (voir la section sur les REER collectifs au chapitre 4).

placement que des actions individuelles? Quelle est la meilleure façon d'assurer la succession de mon entreprise?

N'oubliez pas que savoir c'est pouvoir. Plus vous en apprendrez sur les finances personnelles, plus vous aurez confiance en vous lorsque que vous prendrez des décisions qui risquent d'avoir un effet sur votre vie pendant des années. Mais n'oubliez pas que le monde des finances est complexe et qu'il serait bon de faire appel aux connaissances et à l'expérience d'un spécialiste. La plupart des gens sont trop occupés par leur entreprise et leur famille pour rester au courant de toutes les possibilités de placement.

Résumé

Si vous avez procédé à votre auto-évaluation et que vous avez reclassé vos objectifs par priorité, félicitations! Vous avez fait les premiers pas vers un nouvel avenir financier. La prochaine étape — qui consistera à attaquer de front cet énorme solde sur votre carte de crédit ou votre incapacité à sortir les mains vides d'un magasin de fournitures commerciales — risque d'être un peu plus difficile.

Ce qu'il ne faut jamais oublier, c'est que rien ne dure. Vous avez peut-être des enfants ou espérez en avoir. Ou bien vous commencez à penser à la retraite alors que vous ne vous en êtes jamais préoccupé. Vous avez mis toutes vos énergies à lancer votre affaire ou à la garder en bon état de marche. Mais l'avenir est proche, comme l'ont compris les différents personnages présentés dans ce chapitre. Même pour Jean, qui dépensait comme un fou quand il avait 25 ans, le moment est venu de regarder les choses en face. Quelle que soit l'étape de votre vie ou la façon dont marche votre entreprise, si vous ne commencez pas à mettre de l'argent de côté maintenant, l'âge d'or risque d'être moins doré que prévu.

Alors, faites quelque chose aujourd'hui pour la personne que vous serez dans seulement quelques années. C'est à vous de choisir si vous voulez finir dans une chambre à vous réchauffer des haricots sur un réchaud ou sur la véranda de votre propre villa à siroter un verre de vin en planifiant une croisière à la Barbade.

EN BREF

1. Établissez les objectifs que vous voulez atteindre.

2. Calculez votre valeur nette.

3. Commencez à échanger vos mauvaises habitudes financières contre des bonnes.

CHAPITRE 3

Une retraite digne de ce nom

Les sources de revenu de retraite

Votre affaire marche formidablement, vous êtes heureux comme un roi et la retraite est la dernière chose à laquelle vous avez envie de penser. Mais l'une des raisons pour lesquelles vous travaillez si dur en ce moment, c'est que vous voulez plus tard jouir des fruits de votre labeur. Pour cela, une seule chose à faire : prévoir dès maintenant comment maintenir votre revenu longtemps après que vous aurez cessé de travailler tous les matins. Souvenez-vous que vous n'êtes pas employé par une entreprise et que vous ne pouvez pas compter sur le filet de sécurité d'un régime de retraite. Vous êtes propriétaire de votre entreprise et vous ne pouvez compter sur personne pour subvenir à vos besoins. Et cela sera plus évident encore quand vous prendrez votre retraite. Heureusement, il existe de nombreuses sources de revenu de retraite sur lesquelles vous pourrez compter le moment venu. Les principales sont décrites ci-dessous.

Récoltez ce que vous avez semé

Peut-être que la retraite est toute proche; peut-être qu'elle vous paraît bien loin. Quel que soit le nombre d'années pendant lesquelles vous voulez encore travailler, le destin de votre entreprise est une affaire sérieuse à laquelle vous devez penser longtemps à l'avance. Il y a des chances pour que votre décision touche un certain nombre de personnes, et si vous avez envie que votre affaire continue quand vous ne serez plus là, vous devez absolument planifier en conséquence. Vous avez trois choix devant vous pour la retraite.

Vendre

Tout comme vous lorsque vous avez lancé (ou acheté) votre entreprise, bien des gens sont en quête d'une bonne affaire. Votre réputation, la qualité de vos produits, votre présence sur certains marchés, vos installations matérielles — autant de raisons pour lesquelles quelqu'un pourrait être intéressé à prendre la relève. Vous pourrez trouver des candidats au sein de l'entreprise elle-même (des employés présents ou passés)

COMMENT ÉVALUER VOTRE ENTREPRISE

Il est évident que vous accordez beaucoup de valeur à votre entreprise. Mais comment en tirer un bon prix quand vous la vendrez? Il y a un certain nombre d'éléments à considérer :

- les comptes clients (que l'acheteur peut reprendre)
- les immobilisations et les biens meubles (agencement et aménagement, bâtiments et terrain, le cas échéant)
- les stocks
- les biens incorporels, comme la réputation de votre entreprise, votre clientèle, les marques de commerce et brevets existants, parmi beaucoup d'autres

Il est clair qu'il y a plus d'une façon de procéder. Un agent de vente pourra vous aider à évaluer votre affaire, mais attendez-vous à ce qu'il vous réclame un pourcentage. Peut-être auriez-vous avantage à vous renseigner pour savoir à combien des sociétés similaires ont été évaluées, puis à négocier haut et ferme pour tirer le meilleur prix de la vôtre. Mieux encore, vous pourriez envisager d'engager un évaluateur commercial agréé.

ou parmi vos concurrents ou vos fournisseurs, ou vous pourrez la mettre publiquement en vente. La vente d'une entreprise est une opération complexe que nous ne pouvons pas expliquer en détail ici, mais elle présente certains avantages : vous réaliserez la valeur de votre entreprise, vous éviterez les complications associées à la fermeture et vous serez assuré que l'entreprise continuera à servir ses fidèles clients. Autre avantage non négociable, le produit de la vente pourra assurer une portion de votre revenu de retraite. En plus, bien sûr, du revenu que vous tirerez d'un solide REER.

Fermer boutique

Dans certains cas, vous êtes la principale raison pour laquelle l'entreprise existe. Il se peut, par exemple, que vous ne puissiez pas vendre votre cabinet de consultant parce que vous en êtes l'actif essentiel. Ou bien vous êtes médecin ou avocat, et vous craignez que vos clients ne reçoivent pas le même niveau de services de la personne qui prendrait la relève. Ou encore vous n'avez pas envie de vous compliquer l'existence et de chercher un acheteur pour une affaire qui devrait logiquement s'arrêter d'elle-même, ou vous ne pensez pas pouvoir trouver quelqu'un qui s'y intéresse. La fermeture suppose que vous vendiez ou disposiez d'une autre façon des stocks invendus, que vous donniez les préavis prévus aux propriétaires et aux clients et, si l'entreprise est constituée en personne morale, que vous fassiez un certain nombre de démarches légales. Préparez-vous, car la fermeture d'une entreprise ne se fait pas sans efforts (physiques et affectifs).

Transmettre son entreprise à quelqu'un d'autre

C'est la plus délicate des trois options, mais ce peut aussi être la plus satisfaisante. Il y a peut-être des membres de votre famille ou de votre personnel qui seront prêts à prendre la relève quand vous partirez à la retraite. Mais, pour que la transition se fasse le plus doucement possible, il faut prévoir les choses avec soin. C'est au propriétaire de la petite entreprise de planifier à l'avance et d'évaluer l'affaire de façon juste. Est-il possible que des membres de la famille ou des employés cadres puissent gérer l'entreprise? Il est paradoxal que le propriétaire, ayant passé sa vie à bâtir son affaire, puisse juger préférable (pour la sécurité des personnes à sa charge) de la vendre à la fin de sa vie au lieu de la transmettre. L'essentiel est de réfléchir à l'avance. Il n'y a peut-être personne dans votre entourage qui puisse vraiment continuer à faire la même chose que vous. Après tout, c'est vous le patron et c'est à vous de prendre les décisions. Les autres peuvent-ils réussir aussi bien que vous? Soyez réaliste. Certains types d'entreprise sont plus susceptibles que d'autres de rester dans la famille. Ce sont les opérations qui ont été transmises de génération en génération et où des éléments comme le maintien de la tradition, la fidélité envers les clients et l'orgueil familial incitent les survivants à prendre la relève. Par ailleurs, l'édification d'une entreprise réussie peut apparaître comme l'œuvre de toute une vie que la famille se doit de poursuivre. Les exploitations agricoles représentent un cas à part. Il se peut que plusieurs générations aient participé à l'opération, qu'avec la même volonté de réussir, elles aient partagé l'acquisition des terres et de l'équipement nécessaire pour qu'elle soit florissante. Il s'agit d'un objectif partagé par plusieurs générations.

LES REER ET LES FERR

Nous parlerons en détail des régimes enregistrés d'épargne-retraite (REER) au chapitre 4, mais ce que vous devez de savoir dès maintenant, c'est qu'ils représentent vos alliés les plus sûrs pour vous assurer une

COMMENT GARDER L'HARMONIE DANS LA FAMILLE

Les événements familiaux importants, comme la transmission d'une entreprise ou l'exécution d'un testament, peuvent être des moments difficiles. Dans un cas comme dans l'autre, la meilleure façon de réduire le stress et les conflits est d'éviter les surprises. N'attendez pas la retraite pour discuter avec votre famille des options possibles en ce qui concerne votre entreprise. Parlez bien à l'avance avec votre conjoint ou vos enfants de la possibilité que l'un ou plusieurs d'entre eux prennent la relève. Ou expliquez-leur pourquoi vous songez plutôt à fermer ou à vendre. Examinez ensemble les avantages et les inconvénients de chaque option et jugez les besoins et les désirs des membres de votre famille. C'est pareil pour votre testament : la dernière chose dont vos héritiers ont besoin est de subir un autre choc dans l'étude du notaire. Envisagez de discuter avec les membres de votre famille de la façon dont ils aimeraient disposer de vos biens matériels. N'oubliez pas que vous ne pourrez plus rien changer quand vous ne serez plus là.

retraite digne de ce nom. Votre REER devra être fermé au plus tard le 31 décembre de l'année de votre 69e anniversaire et vous devrez alors choisir un programme de revenu de retraite. Il pourra s'agir d'une rente viagère (avec ou sans durée garantie), d'une rente certaine garantie jusqu'à l'âge de 90 ans ou d'un fonds enregistré de revenu de retraite (FERR), qui exige le retrait d'un montant minimal chaque année après son établissement. Nous donnons plus de détails sur les FERR dans le livre intitulé Vive la retraite.

Les rentes

Les rentes sont des contrats qui assurent un flux de revenu versé par une institution financière (comme une compagnie d'assurance ou une société de fiducie) à partir d'un montant forfaitaire que vous avez fourni. Elles sont généralement payées en versements mensuels. Il y a deux principaux types de rente : les rentes viagères qui sont payées régulièrement pendant tout le reste de votre vie (et sont générale-ment versées par l'intermédiaire des compagnies d'assurance) et les rentes certaines. Adressez-vous à un conseiller financier pour avoir tous les détails sur chacune.

Les placements non enregistrés

Les placements que vous avez faits ailleurs que dans un REER représentent, bien sûr, une autre source de revenu. Il peut s'agir d'actions et d'obligations, de biens immobiliers ou d'autres éléments d'actif qui peuvent vous apporter un revenu.

Les régimes d'entreprise

Il s'agit des régimes de retraite parrainés par les employeurs qui sont enregistrés auprès de Revenu Québec. C'est la société qui crée le régime de retraite. Vous pouvez participer au régime comme tous les employés. L'entreprise doit être constituée en société, et vous devez recevoir un salaire donnant lieu à un Relevé 1.

Les régimes de retraite individuels

Les régimes de retraite individuels fournissent un revenu annuel après la retraite jusqu'à un maximum prévu dans la Loi de l'impôt sur le revenu. Dans bien des cas, les cotisations que les personnes morales peuvent faire à un régime de retraite individuel sont supérieures à celles que peut faire un propriétaire d'entreprise à un REER. Il y a quelques institutions financières qui peuvent vous aider à créer et à gérer un régime de retraite individuel. Le seul inconvénient de ces régimes, c'est qu'ils ne sont offerts qu'aux entreprises constituées en personne morale et qu'ils sont coûteux à administrer. Si vous n'êtes pas constitué en personne morale, votre seul choix, en dehors du RPC ou du RRQ et de la Sécurité de la vieillesse, est de maximiser vos cotisations à un REER.

Les régimes de retraite individuels sont surtout intéressants pour les personnes qui ont plus de 50 ans et dont le revenu annuel sera supérieur à 80 000 dollars tous les ans jusqu'à la retraite. Pour la plupart des propriétaires d'entreprise, le montant des cotisations à un régime de retraite individuel réduit à zéro les cotisations admissibles à un REER.

Les sources gouvernementales

Le Régime de pensions du Canada et le Régime de rentes du Québec (RPC et RRQ) couvrent tous les Canadiens, qu'ils soient salariés ou travailleurs autonomes. Les prestations de retraite dépendent du montant des cotisations et du moment où l'on commence à recevoir les prestations. On peut commencer dès 60 ans ou attendre jusqu'à 70 ans. Si vous décidez de recevoir les prestations avant l'âge de 65 ans, le paiement sera réduit de 0,5 pour 100 pour chaque mois qui vous sépare de votre 65e anniversaire (6 pour 100 par an). Si vous attendez après votre 65e anniversaire, les prestations seront augmentées du même taux pour chaque mois attendu. Si vous avez un conseiller financier, voyez avec lui si vous auriez avantage à commencer à recevoir vos prestations avant 65 ans. (Cela peut vous permettre de garder plus longtemps votre REER à l'abri des impôts.) On ne reçoit les prestations que si l'on en fait la demande et il faut donc prendre contact avec Développement des ressources humaines Canada ou avec la Caisse de dépôt et placement du Québec quelques mois avant la date où l'on prévoit prendre sa retraite.

Les prestations de la Sécurité de la vieillesse

D'importants changements sont en cours. À compter de 2001, un nouveau système de prestations aux personnes âgées entrera en vigueur pour les personnes de 65 ans et plus.

Le nouveau système proposé remplacera la Sécurité de la vieillesse, le supplément de revenu garanti et l'allocation de conjoint ainsi que les dégrèvements fiscaux en raison de l'âge et du revenu de retraite. Contrairement à la Sécurité de la vieillesse, il sera exempté d'impôt, mais le montant auquel vous serez admissible sera établi suivant une échelle mobile en fonction de votre revenu. Plus votre revenu sera élevé, moindres seront les prestations.

À quel âge prendrez-vous votre retraite?

Vous devez commencer par décider quand vous voulez prendre votre retraite. Pour la plupart des régimes de retraite, y compris le RPC et le RRQ, l'âge prévu est 65 ans, et les Canadiens considèrent en général que c'est l'âge «normal» de la retraite. Aux termes des dispositions gouvernementales concernant les REER, par contre, l'âge de la retraite est 69 ans. Vous pouvez prendre votre retraite quand vous voulez si vous en avez les moyens. Vous devrez cesser de cotiser à votre REER à la fin de l'année de votre 69e anniversaire, mais vous pourrez encore cotiser à un REER de conjoint si vous n'avez pas atteint votre limite et que votre conjoint a moins de 70 ans. Vous pourrez continuer à bénéficier du système de report d'impôt si vous convertissez ce REER soit en un fonds enregistré de revenu de retraite, soit en un contrat de rente.

De combien d'argent a-t-on besoin quand on est à la retraite?

Si vous avez besoin de 40 000 dollars par an maintenant, vous pourrez sans doute vous en tirer avec moins quand vous serez à la retraite. Pour commencer, vous cesserez sans doute de cotiser à votre REER. Vous aurez probablement amorti votre hypothèque, et vos enfants auront terminé leurs études. Vous aurez généralement moins de grosses dépenses à payer, mais il arrive aussi qu'en début de retraite, on ait besoin de plus d'argent qu'avant pour réaliser des rêves entretenus depuis longtemps, de longs voyages, par exemple.

Mais n'oubliez pas qu'en général, il ne suffit pas d'être sûr de pouvoir payer ses dépenses pour estimer que l'on aura assez d'argent quand on prendra sa retraite. Peut-être que vous voudrez laisser quelque chose à vos héritiers. Mais peut-être aussi que vous ne vous êtes jamais marié et que seul votre chat est à votre charge. Quoi que l'avenir vous réserve, estimez vos besoins avec réalisme. Il vaut mieux avoir trop que trop peu. Si vous calculez que vos besoins à la retraite s'établiront à environ 70 pour 100 de votre revenu actuel, compte tenu de l'inflation, cela vous donnera un point de départ approximatif.

La peur de ne pas y arriver

Peut-être pensez-vous qu'au rythme où vont les choses, vous n'aurez plus que 55 pour 100 de votre revenu actuel quand vous prendrez votre retraite. Qu'est-ce que vous pouvez faire? Deux tactiques sont possibles. La première est de prendre à cœur les conseils donnés dans ce livre et de maximiser votre revenu de retraite. Cela pourrait signifier qu'il faudra abandonner certains petits extras pour mettre davantage d'argent dans votre REER. Une autre tactique est d'apprendre à vivre avec moins quand vous serez à la retraite. Mais, si vous avez le choix (et vous l'avez), il est plus sage d'assurer votre avenir maintenant que de devoir faire face aux conséquences plus tard.

La réalité

Jetez un coup d'œil aux tableaux qui suivent. Ils indiquent combien il faut de mois pour économiser divers montants à partir de différentes cotisations mensuelles à un REER. Les gens pensent souvent que le problème, quand on met de l'argent de côté pour la retraite, c'est que les économies auront perdu de leur valeur quand on en aura besoin. Mais, si vous placez vos économies de façon qu'elles aient un rendement supérieur au taux d'inflation, votre pouvoir d'achat augmentera. Rappelez-vous qu'un million de dollars quand vous prendrez votre retraite ne sera peut-être pas la même chose qu'un million de dollars maintenant, mais que ce sera sûrement plus que zéro dollar, ce qui vous restera si vous ne commencez jamais à économiser.

NOMBRE DE MOIS QU'IL FAUT POUR ÉCONOMISER					
MONTANT PAR MOIS	**1 000 $**	**2 500 $**	**5 000 $**	**7 500 $**	**10 000 $**
50 $	19	44	77	104	127
75 $	13	31	56	77	96
100 $	10	24	44	61	77
150 $	7	16	31	44	56
200 $	5	12	24	35	44
250 $	4	10	19	28	36
500 $	2	5	10	15	19

Remarque : Ce tableau suppose un taux de rendement de 8 pour 100. La cotisation mensuelle est investie au début du mois et les intérêts sont composés tous les mois. Ces calculs ne tiennent pas compte des impôts ni de l'inflation.

Le rajustement en fonction de l'inflation

S'il n'y avait pas d'inflation, vous pourriez simplement multiplier ce dont vous pensez avoir besoin par le nombre d'années que vous espérez vivre après avoir pris votre retraite, et le total serait ce que vous devez placer dans un REER. Le tableau ci-dessous vous montrera pourquoi l'inflation vous oblige à gagner davantage si vous voulez conserver le pouvoir d'achat de vos dollars.

EFFET DE L'INFLATION SUR LE POUVOIR D'ACHAT						
Taux d'inflation annuel	**Valeur aujourd'hui**	**5 ans**	**10 ans**	**15 ans**	**20 ans**	**30 ans**
3 %	1000 $	863	744	642	554	412
4	1000	822	676	555	456	308
5	1000	784	614	481	377	231
6	1000	747	558	417	312	174
7	1000	713	508	362	258	131
8	1000	681	463	315	215	99
9	1000	650	422	275	178	75
10	1000	621	386	239	149	57
11	1000	593	352	209	124	44
12	1000	567	322	183	104	33
13	1000	543	295	160	87	26

Ces projections sont basées sur certaines hypothèses jugées être raisonnables, mais rien ne garantit que les résultats réels y correspondront. Les résultats réels pourraient en différer de façon importante.

Résumé

Même si votre premier souci pour le moment est la réussite de votre entreprise, vous n'en devez pas moins penser à la retraite. Cela suppose que vous décidiez ce que vous ferez de votre entreprise quand votre vie professionnelle sera terminée et que vous calculiez ce dont vous aurez besoin au moment de la retraite. Une fois cela déterminé, vous pourrez mettre en place un plan solide qui vous permettra de subvenir à vos besoins et à ceux de votre famille quand vous prendrez votre retraite, après quoi vous pourrez continuer à travailler à la croissance de votre entreprise.

EN BREF

1. **Décidez à l'avance si vous voulez fermer, vendre ou transmettre votre entreprise et planifiez en conséquence.**

2. **Calculez le revenu dont vous aurez besoin pour vivre quand vous serez à la retraite.**

3. **Tenez compte de l'inflation quand vous planifierez votre avenir.**

4. **Assurez-vous que vous aurez différentes sources de revenu au moment de la retraite.**

4

À quand la retraite?

Madeleine, médecin de famille de 49 ans, conduit une nouvelle voiture de sport et a l'impression de revivre depuis que son mari et elle se sont séparés. Madeleine ne travaille pas dans un bureau surpeuplé où les jeunes recrues se battent pour gravir les échelons de la société, ses amis sont tous plus jeunes qu'elle (elle a commencé ses études de médecine à 32 ans) et, à l'exception de cotisations minimales à un REER, elle ne pense jamais à la retraite. Mais son fils, qui suit un cours d'économique à l'école secondaire, lui a récemment fait remarquer qu'elle n'était qu'à 16 ans de l'âge normal de la retraite au Canada et qu'elle n'a plus que 20 ans devant elle pour cotiser à un REER. Madeleine a décidé de calculer de combien elle aurait besoin pour vivre quand elle fermera son cabinet et elle a eu le choc de sa vie.

Madeleine devrait-elle vendre sa nouvelle voiture? Pas question. Bien sûr, elle n'a pas mis autant d'argent de côté que d'autres pour la retraite, mais sa maison est payée, elle ne risque pas d'être mise à pied et son ex-mari paie régulièrement la pension alimentaire. Si elle suit certaines des étapes raisonnables décrites dans les pages qui suivent, elle s'en tirera sans difficultés.

Les économies — Comment y arriver

Maintenant que vous savez de combien d'argent vous aurez besoin quand vous cesserez de travailler, il faut passer à l'action. Si vous commencez maintenant à économiser comme il se doit pour la retraite, votre pécule devrait grossir et répondre à vos besoins le moment venu.

De combien avez-vous besoin?

Si vous avez examiné votre REER et votre admissibilité à la Sécurité de la vieillesse et au RPC/RRQ, vous êtes probablement arrivé à la conclusion que vous aurez besoin de compléter votre revenu de retraite avec vos propres économies. Il faut espérer que vous avez déjà un REER et que vous y cotisez au maximum avant de mettre de l'argent dans vos placements non enregistrés. Pour calculer combien vous aurez d'argent de côté quand vous déciderez de prendre votre retraite, estimez de combien vous aurez besoin pour vivre et soustrayez tout autre revenu de retraite que vous prévoyez recevoir. Vous aurez probablement besoin de l'aide d'un conseiller financier pour faire ces calculs.

Combien de temps vous faudra-t-il pour mettre ce montant de côté?

Toute stratégie d'épargne devrait pouvoir s'auto-administrer. Une fois que vous saurez de combien d'argent vous aurez besoin quand vous prendrez votre retraite, il faudra calculer combien vous devez économiser tous les mois pour y arriver. Supposons que vous ayez cotisé modérément à votre REER depuis que vous avez fondé une famille il y a 20 ans. Grâce aux abris fiscaux et aux intérêts composés, vos économies s'élèvent à 160 000 dollars. Vous avez maintenant 55 ans. Quel devrait être le montant de vos cotisations si vous voulez atteindre un objectif de 394 000 dollars dans 10 ans? Ce n'est pas aussi effrayant que vous pourriez le penser. À un taux de 8 pour 100 par an, vos 160 000 dollars en deviendront 297 679 dans 10 ans. Vous pourrez atteindre votre objectif de 394 000 dollars en cotisant légèrement plus de 500 dollars par mois.

Comment économiser suffisamment?

Quelle que soit la raison pour laquelle vous voulez faire des économies, vous devez ouvrir un compte d'épargne séparé. Vous serez moins tenté de toucher à l'argent mis de côté s'il n'est pas dans votre compte chèques. Vous pouvez placer vos économies où vous voulez à condition que le compte ait trois caractéristiques principales : il doit être accessible, sûr et rentable. Le lieu le plus souvent utilisé est un compte d'épargne. L'argent est facilement disponible, mais les taux d'intérêt sont souvent faibles.

Les fonds de placement de marché monétaire sont souvent un meilleur choix pour les placements à court terme. Ils ont habituellement un meilleur rendement que les comptes d'épargne.

Pour les placements à long terme, les fonds de marché monétaire et les comptes d'épargne sont hors de question. Il faut un portefeuille équilibré de titres de croissance et de titres à revenu fixe.

Petit poisson deviendra grand

À moins que vous ne viviez coupé du monde sans journaux ni télévision, vous savez sans doute que REER signifie régime enregistré d'épargne-retraite. Tous les REER sont enregistrés à titre de régimes d'épargne autorisés auprès de Revenu Canada. La constitution d'un REER est l'une des seules façons de mettre son argent à l'abri pour l'avenir et d'éviter de payer trop d'impôts. Le REER doit être la pierre angulaire d'une saine planification de la retraite. Le gouvernement vous autorise à placer un certain montant d'argent chaque année dans un REER destiné à vous assurer un revenu de retraite. Le montant est réduit si vous participez déjà à un régime de retraite enregistré. Non seulement vous ne payez pas d'impôt sur l'argent placé dans un REER, mais les cotisations annuelles sont déductibles du revenu imposable. Cela devrait vous encourager à y placer autant d'argent que vous pouvez, jusqu'à concurrence de la limite autorisée, lequel fructifiera et se transformera avec le temps en une jolie somme. N'exagérez pas, cependant, il y a des pénalités si l'on cotise trop à un REER.

Où s'achètent les REER?

Avant de souscrire un REER, renseignez-vous. Les banques ne sont pas le seul endroit où acheter un REER — la plupart des institutions financières en offrent, notamment les sociétés de fiducie, les caisses populaires, les compagnies d'assurance-vie, les courtiers en valeurs mobilières et les sociétés de fonds communs de placement. Vous verrez que les courtiers en valeurs mobilières et les sociétés de fonds communs de placement offrent une gamme d'options aussi étendue que les banques. Quel que soit le lieu où votre REER est actuellement enregistré, il serait bon de vous renseigner sur les autres solutions possibles.

Quand les petites entreprises se conduisent comme des grandes

Nous avons parlé de votre propre REER. Qu'en est-il de vos employés si vous en avez? Ce n'est pas parce que vous êtes petit que vous devez être limité. De nos jours, une petite entreprise avec un personnel réduit peut bénéficier d'un grand nombre des régimes et des avantages offerts aux grandes entreprises, et particulièrement d'un REER collectif. Votre conseiller financier pourra vous aider à créer et à administrer ce type de régime.

Les régimes collectifs sont une façon efficace de maximiser les économies ou les avantages par le truchement d'un plan de retenues sur les salaires. Comme ce sont des déductions à la source, elles réduisent le montant des impôts à payer par les employés et elles peuvent représenter un aspect intéressant d'un programme de rémunération.

Les régimes de retraite
Les institutions financières offrent une vaste gamme de régimes de retraite individuels et collectifs. La plupart d'entre eux fonctionnent à partir du principe des économies «forcées» et permettent de réduire l'impôt sur le revenu déduit de chaque chèque de paie. Vous pourriez vous renseigner sur les régimes de retraite à cotisations déterminées, les régimes de retraite à cotisations déterminées pour actionnaires, les régimes de retraite à prestations déterminées et les régimes de retraite individuels (décrits au chapitre 3). Un bon conseiller financier pourra vous aider à explorer les options possibles pour trouver ce qui vous convient le mieux, à vous et à votre entreprise.

Le régime enregistré d'épargne-retraite collectif (REER collectif)
Les employés investissent dans ce régime par l'intermédiaire de l'employeur qui déduit leur cotisation de leur chèque de paie. Les cotisations

peuvent être flexibles, et les employés ont généralement leur mot à dire sur les décisions de placement. Ces régimes autorisent les REER de conjoint, ce qui a pour effet de diviser le revenu de retraite et peut offrir des avantages fiscaux lors de la retraite. Autre avantage, les petits entrepreneurs peuvent aussi utiliser les cotisations des employeurs comme une forme de paiement de primes ou de participation aux bénéfices en fin d'année. Les régimes collectifs peuvent également rendre une offre salariale peu élevé plus attrayante.

Le régime de participation différée aux bénéfices (RPDB)

Ce type de régime prévoit la création d'un fonds en fiducie qui permet aux employés de tirer profit de la croissance de l'entreprise. Les cotisations au régime sont déductibles et établies selon une formule basée sur les bénéfices de la société. Un régime de participation différée aux bénéfices peut servir de système de primes ou de stimulants pour remplacer les augmentations de salaire et contribuer à renforcer la fidélité des employés.

Réduisez vos impôts au minimum

Le placement d'une partie de votre revenu dans un REER n'est pas le seul moyen de réduire vos impôts. Vous verrez ci-dessous qu'il y a d'autres façons de procéder pour faire travailler votre argent.

Cotisez à un REER de conjoint

Si votre revenu est plus élevé que celui de votre conjoint, il pourrait être avantageux pour vous de cotiser à un REER de conjoint. Le REER est la propriété de votre conjoint, mais c'est vous qui bénéficiez des déductions d'impôt associées aux cotisations. Si votre conjoint se trouve dans une tranche d'imposition inférieure lorsque l'argent sera retiré du régime, à la retraite, le revenu ainsi produit sera imposé à un taux inférieur. Cela crée aussi une source de revenu de retraite qui peut être admissible au crédit d'impôt pour revenu de retraite applicable à votre conjoint après l'âge de 65 ans. Notez que si le REER de conjoint est racheté trop tôt après la dernière cotisation, la personne qui retire les avantages fiscaux des cotisations peut être tenue de déclarer le montant ainsi produit à titre de revenu. Consultez un conseiller financier pour éviter cette erreur coûteuse.

Transférez votre rente dans votre REER

Si vous avez été employé et que vous participiez alors à un régime de retraite enregistré offert par votre employeur, il se peut que vous puissiez transférer les prestations acquises dans un REER. La plupart des prestations sont immobilisées, ce qui signifie qu'elles ne peuvent pas être remboursées en espèces. Il est parfois possible de les transférer dans un compte de retraite immobilisé. Ce type de REER impose des restrictions sur le montant maximal qui peut être retiré chaque année. Certaines provinces imposent aussi des restrictions sur l'âge auquel on peut commencer à faire des retraits, restrictions qui ont pour but de veiller à ce que l'argent soit utilisé comme revenu de retraite.

Faut-il emprunter pour cotiser à un REER?

Il est recommandé de mettre le montant maximal autorisé chaque année dans son REER. Si vous ne l'avez déjà fait, vous devriez maximiser vos cotisations en février. Ce peut être une bonne stratégie d'emprunter à cette fin si vous ne disposez pas des fonds nécessaires. L'intérêt sur l'argent emprunté n'est pas déductible, mais le coût de l'emprunt risque cependant d'être compensé par l'augmentation de la valeur de votre REER et de vos déductions fiscales. Beaucoup d'institutions financières offrent un intérêt avantageux sur l'argent qu'elles prêtent si c'est à elles que vous achetez le REER. Il est même possible de trouver des sociétés qui reportent jusqu'à 120 jours le paiement du prêt, ce qui permet d'attendre le remboursement d'impôt pour liquider ou réduire la dette.

On peut aussi gérer son propre REER

Vous savez probablement que les REER sont administrés par des institutions financières, mais savez-vous que vous pouvez aussi gérer vous-même votre portefeuille? Un REER autogéré vous demandera davantage de travail que si vous vous adressiez à un spécialiste, et ce sera entièrement à vous de faire les recherches nécessaires et de suivre l'évolution de vos placements autres que les fonds communs. Mais certaines personnes en tirent un très grand sentiment d'accomplissement.

De plus, certains types de placement ne sont offerts qu'aux détenteurs d'un REER autogéré. Mais prenez garde : vous devrez savoir ce que vous faites et quels placements sont à votre disposition, et vous devrez vous tenir au courant des changements que le gouvernement apporte aux règles qui régissent les REER. Personne ne sera là pour vous tenir la main et le risque sera plus grand.

Les régimes autogérés sont généralement assujettis à des frais de l'ordre de 100 à 150 dollars par an.

Un dernier mot sur les REER

Les REER représentent la meilleure façon de mettre votre argent à l'abri et de reporter vos impôts. Même si vous n'y placez que des montants limités, ce sera mieux que rien. Les REER ne présentent aucun inconvénient — ils vous aident maintenant et vous aideront plus tard.

PARLEZ AUX SPÉCIALISTES

Adressez-vous à l'un des innombrables spécialistes qui peuvent vous aider à ouvrir un REER, à choisir la bonne combinaison de placements et à revoir votre régime à intervalles réguliers.

Si on place 500 $ par mois dans un REER et ailleurs

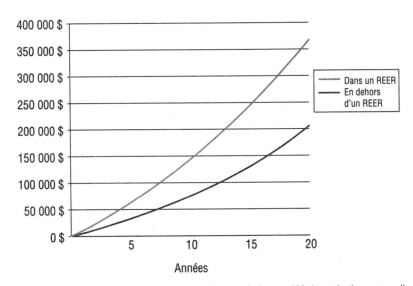

Remarque : Ce tableau suppose un taux de rendement de 8 pour 100. La cotisation mensuelle est investie au début du mois, et les intérêts sont composés mensuellement. Le taux d'inflation est de 3 pour 100 et le taux d'imposition, de 28 pour 100.

S'il vous plaît, prenez mon argent

La meilleure façon de cotiser régulièrement à un REER est de vous mettre d'accord avec votre institution financière sur une formule de prélèvement mensuel automatique sur votre compte. De cette façon, vous n'aurez pas à faire les placements vous-même et, avantage supplémentaire, vos cotisations travailleront pour vous plus tôt dans l'année.

Si votre REER est placé dans un fonds de placement, vous avez une autre bonne raison de préférer les cotisations mensuelles régulières à une seule cotisation annuelle. Les placements réguliers vous permettront de profiter des fluctuations du prix des parts du fonds. À la fin de chaque année, non seulement vous aurez profité des avantages de la capitalisation du rendement de 12 placements séparés, mais vous aurez acheté vos parts à un prix correspondant à la moyenne des prix de l'année. C'est ce qu'on appelle la méthode du placement échelonné. Elle sera présentée en détail au chapitre 7.

Résumé : les sept paroles magiques

Vous trouverez ci-dessous un résumé de ce chapitre condensé en une liste de sept énoncés que vous pourrez facilement afficher sur votre réfrigérateur. Ce sont les pierres angulaires sur lesquelles bâtir votre revenu de retraite.

Choisir : Fixez-vous des objectifs de planification des impôts et de la retraite aussi bien pour votre avenir proche que pour votre avenir lointain.

Planifier : Pour atteindre ces objectifs, calculez combien d'argent vous devez mettre de côté.

S'astreindre à économiser : Apprenez à économiser régulièrement. Ne gaspillez pas maintenant de petits montants qui pourront devenir de gros montants plus tard.

Autoriser : Adoptez un système de versements automatiques directs à votre REER.

Maximiser : Profitez des fluctuations de prix et des taux de rendement composés en cotisant tous les mois dans votre REER.

Écouter : Tenez-vous au courant des changements des mesures législatives concernant les REER, particulièrement si vous gérez vous-même votre régime.

Vivre : Essayez de trouver un équilibre entre l'assiduité et l'obsession. Si vous êtes heureux plutôt que stressé, vous aurez plus de chances d'être toujours là quand viendra le moment de jouir de tout l'argent que vous aurez économisé.

5

Pour se rassurer, il faut s'assurer

Jean, le fou de travail célibataire, a assuré son affaire jusqu'aux dents, mais ne voit pas pourquoi il devrait s'assurer lui-même. Sans famille à sa charge, Jean n'est pas intéressé par une assurance-vie. Mais il n'a même pas réfléchi à ce qui se passerait si lui-même tombait gravement malade et devait cesser de travailler pendant une période de temps prolongée. Après tout, il mène son affaire quasiment à lui tout seul. Et qu'arriverait-il à ses parents? Ils n'ont pas organisé leur avenir aussi bien que Jean, et c'est lui qui paie maintenant la moitié de leur loyer tous les mois. Que feraient-ils si Jean ne pouvait plus s'occuper d'eux? Jean n'a pas besoin de beaucoup d'assurance, mais son conseiller financier peut l'aider à déterminer ce qui lui est nécessaire et à planifier son avenir s'il décide de se marier et de fonder une famille.

Assurez-vous

La plupart des gens n'aiment pas parler d'assurance parce que cela les oblige à penser à l'inimaginable : des crises sans rien sur quoi se rabattre, des ennuis juridiques de toutes sortes et une famille laissée sans protection en cas de décès. L'assurance procure un filet de sécurité invisible et facilite la vie. C'est un élément nécessaire de tout plan financier et un bon moyen de vous protéger, vous et votre famille, ainsi que vos intérêts commerciaux.

Même si cela semble évident, permettez-nous de vous rappeler qu'il faut acheter une assurance avant d'en avoir besoin. L'unique objectif de l'assurance est de protéger vos intérêts — les vôtres et ceux de votre entreprise — avant qu'il arrive quelque chose. Les assurances peuvent cependant coûter cher, alors pesez le pour et le contre. En général, il n'y a pas de comparaison entre les conséquences financières auxquelles vous devrez faire face si vous n'êtes pas assuré et le coût des primes d'assurance. Si vous attendez d'être malade, vous risquez de voir votre demande rejetée ou les primes affreusement augmentées. Quant à votre entreprise, vous ne resterez pas longtemps en affaires si vous attendez que quelqu'un vous traîne en justice avant de souscrire une assurance responsabilité.

Les types d'assurances commerciales

Votre entreprise est comme une seconde famille : vous devez prendre des précautions similaires pour la protéger et subvenir à ses besoins. Si vous veniez à disparaître, le rôle de l'assurance serait essentiel pour adoucir le transfert de votre entreprise. Vous trouverez ci-dessous une description des principaux types d'assurance pour les petites entreprises.

L'assurance responsabilité

L'assurance responsabilité est conçue pour protéger votre entreprise contre les procès dont elle peut faire l'objet par suite de négligence causant des blessures aux clients, aux employés ou au public. On entend par négligence toutes sortes d'actions et d'omissions causant des blessures. Les entreprises, suivant leur type, utilisent différentes sortes d'assurance responsabilité. Les plus courantes sont les suivantes :

- l'assurance responsabilité de produits pour les fabricants
- l'assurance responsabilité en cas d'erreur ou d'omission pour les avocats, les comptables, les architectes et — les agents d'assurance
- l'assurance accidents du travail pour la sécurité des employés
- l'assurance responsabilité des administrateurs et des dirigeants pour les administrateurs de sociétés

L'assurance des biens

L'assurance des biens et l'assurance incendie couvrent les locaux, l'équipement et l'aménagement de votre entreprise.

L'assurance du personnel clé

La mort ou l'invalidité soudaine d'une personne clé dans une petite entreprise peut être catastrophique pour les affaires. L'assurance du personnel clé protège contre la perte de profits qui se produit souvent en cas de décès de la personne clé pendant qu'un remplaçant est formé ou qu'une stratégie est mise en place pour combler la perte de cette personne. Il est également possible d'utiliser son assurance-vie pour rembourser ou réduire la dette de la société en cas de décès.

L'assurance de conservation d'entreprise

Aussi appelée assurance interruption des affaires ou assurance contre les pertes d'exploitation, ce type de police protège contre les imprévus qui entraînent l'interruption temporaire des activités. L'incendie, le vol et l'inondation font partie des risques qui peuvent être couverts pour compenser les dépenses et la perte de revenu.

L'assurance-rachat

L'assurance-rachat de parts d'associés est un contrat aux termes duquel les différents propriétaires d'une entreprise conviennent que si l'un d'entre eux meurt ou quitte l'entreprise pour une raison quelconque, les autres rachèteront sa part de l'affaire. Les parties au contrat peuvent être des associés qui s'engagent à racheter la part de l'associé défunt. Il peut s'agir d'un parent et d'un enfant si l'enfant désire racheter la part du parent en cas de décès. Des contrats peuvent aussi être conclus entre deux ou plusieurs actionnaires d'une société privée qui s'engagent à racheter leurs parts réciproques en cas de décès, d'invalidité ou de désaccord.

Lorsque l'une des parties à l'accord meurt, l'assurance-rachat prescrit ce qui arrive à sa part dans l'affaire. La façon la plus efficace et la moins chère de procéder est habituellement de veiller à ce que, lors de la signature du contrat, les parties souscrivent le montant approprié d'assurance-vie pour assurer que les survivants disposent du montant nécessaire pour racheter la part du défunt. Les accords d'assurance-rachat doivent être examinés en consultation avec un conseiller financier, un avocat ou un comptable.

L'assurance maladie et invalidité

Tous les types d'entreprise ont besoin d'une protection directe contre les maladies et les accidents. Ce qu'il faut décider, c'est le montant et le genre d'assurance qui convient le mieux à votre cas.

Environ 70 pour 100 des entreprises canadiennes sont de petites entreprises dont les ventes sont inférieures à 250 000 dollars par an. Dans ce type d'affaire, la santé générale de l'exploitation repose sur la santé et les compétences de quelques personnes seulement. En général, la plupart des faillites sont le résultat d'une mauvaise gestion, et il faut se protéger, dans des limites raisonnables, contre les maladies et les accidents.

C'est pour le propriétaire unique que le besoin est le plus flagrant. Les bénéfices et les pertes de l'affaire sont ses bénéfices et ses pertes, et tout ce qu'il possède sert à soutenir l'entreprise. À très court terme, le conjoint ou un employé fidèle peut assurer l'intérim, mais une absence prolongée peut être fatale à l'entreprise. Il n'y a qu'une solution — une assurance invalidité de longue durée. Il existe une assurance invalidité conçue spécialement pour les propriétaires de petite entreprise qui couvre les frais fixes comme le loyer, l'électricité, le salaire des employés, etc., et dont les primes sont déductibles du revenu imposable.

Il existe autant de polices maladie et invalidité qu'il y a de petites entreprises et c'est à vous de vous renseigner pour trouver celle qui convient le mieux à votre affaire.

L'assurance collective

Si vous avez des employés, vous pouvez leur offrir une assurance collective en plus d'un régime de retraite. Certaines institutions financières offrent un forfait d'assurance soins médicaux et soins dentaires et d'assurance vie et invalidité à un prix réduit pour les achats groupés. Les primes sont déduites du chèque de paie, mais l'assurance n'est pas toujours obligatoire.

L'assurance-vie personnelle

On ne peut rien contre la mort, mais il y a des moyens d'adoucir le coup pour la famille qu'on laisse derrière soi. Si vous avez des personnes à votre charge, essayez d'imaginer ce qui leur arriverait si vous veniez à disparaître. Dans les mois, ou même les semaines, qui suivent, votre famille pourrait se retrouver dans une situation financière très difficile si

DE QUOI AVEZ-VOUS BESOIN?

Si vous êtes célibataire

Si vous êtes célibataire et n'avez ni personnes à charge ni dettes importantes, vous n'avez probablement pas besoin d'assurance-vie. Placez plutôt votre argent dans un programme d'épargne régulière. Vous voudrez probablement vous assurer que vous avez assez d'argent pour couvrir des dépenses peu réjouissantes comme vos funérailles et un emplacement au cimetière. Si vous avez de grosses dettes, vous pourriez envisager de souscrire une assurance temporaire (voir ci-dessous).

Si vous avez une famille

C'est si vous avez encore de jeunes enfants que vous avez le plus besoin de protection. Une assurance-vie d'au moins 10 fois votre revenu est un bon point de départ. Une police d'assurance-vie de 300 000 dollars produirait un revenu de 33 825 dollars par an pendant 15 ans (en supposant un taux d'intérêt annuel de 8 pour 100).

N'oubliez pas qu'une assurance-vie est également nécessaire pour le parent qui reste à la maison. Les frais de garde d'enfants et d'aide ménagère de haute qualité peuvent être très élevés.

QUEL EST LE MEILLEUR TYPE D'ASSURANCE POUR VOUS?

Quel que soit le type d'assurance que vous souscrivez, les primes seront basées sur quatre facteurs :

- votre âge
- votre état de santé et le fait que vous fumiez ou pas
- le montant de l'assurance
- la durée de l'assurance

Demandez à votre conseiller financier de vous aider à faire une analyse de vos besoins. Incluez toutes vos dépenses courantes, plus le remplacement du revenu perdu et l'argent à mettre de côté pour la retraite. N'oubliez pas de tenir compte de l'inflation.

vous n'avez pas prévu de remplacer le revenu perdu. Qu'arrivera-t-il des prêts remboursables par versements? Du prêt hypothécaire sur la maison? Des plans de financement des études des enfants? Comment votre conjoint assumera-t-il les frais de garde d'enfants pendant qu'il travaille? Sans assurance-vie suffisante, il n'est pas facile de faire face à ces obligations. Nous résumons ci-dessous certaines des raisons d'être de l'assurance-vie?

- Elle procure aux bénéficiaires un revenu de remplacement (certaines dépenses risquent d'augmenter — les frais de garde d'enfants et d'aide ménagère et les réparations sur la maison, par exemple).
- Elle crée un patrimoine pour vous permettre de poursuivre vos plans d'avenir (soutien et éducation des enfants, allocations pour le conjoint, activités charitables, etc.)
- Elle protège les biens acquis qui n'ont ainsi pas besoin d'être vendus pour payer les dettes non amorties comme l'hypothèque ou les impôts sur les gains en capital accumulés sur vos placements.
- Elle couvre les dettes et les dépenses associées au décès.

L'assurance temporaire

Une assurance temporaire prévoit une protection pendant une période donnée — habituellement un an, cinq ans, dix ans ou vingt ans. Si vous veniez à mourir pendant cette période, les bénéficiaires désignés dans la police recevraient un certain montant.

L'assurance temporaire est l'assurance la plus abordable, ce qui la rend intéressante pour les jeunes familles. On peut habituellement la renouveler quand elle vient à échéance. Mais, bien que les primes puissent sembler relativement peu chères au début, elles augmentent chaque fois que la police est renouvelée. Tant que vous payez vos primes, votre compagnie d'assurance ne peut pas vous refuser de renouveler votre police sous prétexte que vous avez des problèmes de santé. Mais la plupart des assurances temporaires n'autorisent pas le renouvellement après l'âge de 75 ou de 80 ans parce que les primes deviendraient alors extrêmement élevées. On a généralement la possibilité de transformer sa police en l'un des produits d'assurance permanente de la compagnie sans avoir à prouver que l'on est en bonne santé. Mais les frais de conversion peuvent être élevés si l'on attend trop longtemps. Plus tôt on effectue le transfert, moins on a à payer pour une assurance permanente.

L'assurance permanente

L'assurance permanente vous protège pour le reste de votre existence. Elle est automatiquement renouvelée pendant la vie entière à condition de payer les primes. Les types les plus courants d'assurance permanente sont l'assurance vie entière et l'assurance universelle.

L'assurance vie entière

L'assurance vie entière offre un montant d'assurance garanti pour la vie et permet d'accumuler une valeur de rachat qui garantit la stabilité des primes. Les primes sont fixées et garanties pour un nombre d'années donné ou pour la vie. Cependant, les polices d'assurance vie entière sont plus chères que les polices temporaires.

La valeur de rachat est un fonds d'épargne à imposition reportée qui, cependant, ajoute au prix de la police. Si l'on veut emprunter sur la valeur de rachat, il faut payer un intérêt sur le prêt, et les prestations de décès sont réduites si le prêt n'est pas remboursé. L'augmentation de la valeur de rachat peut vous offrir des options supplémentaires comme des garanties annexes ou une réduction des primes à payer.

L'assurance universelle

L'assurance universelle fournit aussi une assurance pour la vie et y combine un portefeuille d'épargne autogéré. La différence est que, dans une assurance vie entière, la valeur de rachat est placée par la compagnie d'assurance comme elle l'entend alors que, dans l'assurance universelle, le souscripteur a son mot à dire. Tout gain sur les retraits effectués sur le portefeuille d'épargne est imposable, et le régime peut être assujetti à des frais en cas de rachat de la police. Si l'on emprunte à même la valeur de rachat de la police, des intérêts peuvent être imposés sur le montant du prêt, et le produit sera réduit si celui-ci n'est pas remboursé.

L'assurance invalidité

Il est facile de se sentir invincible quand on est jeune et en bonne santé. Mais il n'est malheureusement pas exclu que vous-même ou l'un de vos proches soient dans l'incapacité de travailler à un moment ou à un autre. Si vous tombez malade, que vous avez un accident ou que vous vous retrouvez en état d'invalidité permanente, d'où viendra votre revenu?

Le gouvernement

Vous savez probablement déjà que l'assurance offerte par le gouvernement n'a rien de glorieux. Il n'est donc jamais recommandé de compter uniquement sur l'assurance gouvernementale. Le Régime de pensions du Canada et le Régime de rentes du Québec versent une petite pension mensuelle à ceux qui ont cotisé au régime pendant un minimum de deux à cinq ans en cas d'invalidité «grave et prolongée». La pension est divisée en deux parties : une prestation forfaitaire et une somme basée sur le montant et la durée des cotisations au RPC ou au RRQ. Mais le total est minime. Qui plus est, il faut attendre entre 12 et 24 mois pour recevoir les prestations.

L'assurance invalidité privée

Une assurance invalidité privée pourrait payer 60 pour 100 de votre revenu courant, à certaines conditions, et les prestations sont exemptées d'impôt. Renseignez-vous sur les régimes qui remboursent une partie de l'argent si l'on ne fait pas de réclamation. Les primes sont plus chères mais, si vous êtes en bonne santé, cela peut valoir la peine. Lorsque vous vous renseignerez sur les régimes d'assurance invalidité, posez-vous les questions suivantes :

- Est-ce que je peux payer les primes? Sinon, qu'est-ce que je peux faire d'autre?
- Qu'entend-on par «invalide»?
- Quelles sont les circonstances exclues du régime?
- Quelle est la période d'attente avant le versement des prestations?
- Pendant combien de temps les prestations seront-elles versées?
- Qu'arrivera-t-il au paiement des primes si je ne peux pas travailler?
- Une protection est-elle prévue contre l'inflation?
- Si je ne fais pas de réclamation, ai-je droit à un remboursement de primes?

L'assurance maladies graves

Ce type de police vous versera une somme d'argent si vous contractez une maladie particulière, comme le cancer ou la sclérose en plaques. Vous pourrez l'utiliser pour payer le traitement, remplacer votre revenu, prendre des vacances ou faire ce que vous voulez.

Résumé : Pour regarder l'avenir avec confiance

Si vous avez évalué correctement vos besoins, vous devriez pouvoir trouver une assurance qui vous protégera et vous fournira le nécessaire en cas de décès ou d'imprévus. Renseignez-vous avant de décider et ne vous laissez pas tenter par ce qui n'est pas indispensable. À mesure que le temps passe, assurez-vous que votre police correspond à l'évolution de vos besoins.

EN BREF

1. Assurez-vous pour vous protéger, vous, votre famille et votre entreprise.

2. Il existe toutes sortes d'assurances — choisissez celle qui correspond à vos besoins.

3. Veillez à ce que l'assurance personnelle que vous choisissez complète l'assurance sur votre entreprise. Y a-t-il des lacunes ou des chevauchements?

CHAPITRE 6

L'impôt ou comment ne pas s'en laisser imposer

Les stratégies fiscales pour les petits entrepreneurs

Il y a essentiellement trois types de petite entreprise, et chacun présente des avantages et des inconvénients. La façon dont vous structurerez votre entreprise déterminera non seulement vos coûts, mais aussi l'étendue de vos responsabilités en matière de dettes commerciales, les perspectives de croissance et la complexité ou la simplicité de votre déclaration de revenus. Le secteur de l'économie dans lequel vous décidez d'entrer — qu'il s'agisse du commerce de détail, des services ou de la fabrication — et la taille projetée de l'entreprise que vous lancez influenceront la structure de votre entreprise. Les principaux types de petite entreprise sont les entreprises individuelles, les sociétés de personnes et les sociétés par actions. Ces catégories se divisent en sous-catégories comme les sociétés de personnes commerciales et privées, et certaines entreprises, comme les franchises, ne semblent rentrer dans aucune catégorie. Vous trouverez ci-dessous une description des trois principaux types d'entreprise.

Les entreprises individuelles

Les entreprises individuelles vont du spécialiste qui répare les toitures à la famille étendue qui gère un immense restaurant dont l'un des membres est propriétaire. Le caractère essentiel de l'entreprise individuelle est qu'aux yeux du gouvernement (qui a une vue particulièrement perçante en matière d'impôt), il s'agit d'une entreprise privée non constituée en société avec un seul propriétaire. Cette personne contrôle directement l'affaire et est donc responsable de tous ses aspects. Cela signifie que l'on est maître de son royaume, mais l'inconvénient, c'est que les sources de financement sont rares. Les entreprises non constituées en société sont généralement réputées comme manquant de stabilité par ceux qui ont de l'argent à placer, et le financement par emprunt est habituellement la seule façon de réunir des fonds. Et, quand on est propriétaire d'une entreprise individuelle, on risque de voir tous ses biens saisis en paiement des dettes de l'entreprise, depuis l'anneau de mariage jusqu'à la tondeuse électrique. En termes officiels, on parle de «responsabilité illimitée».

Certains propriétaires d'entreprise individuelle essaient de contourner la responsabilité illimitée en cédant par écrit tous leurs biens à des membres de leur famille. Mais avant de faire ça, souvenez-vous que ces biens seront alors à la merci de leurs créanciers. Le transfert des biens quand on a les créanciers à sa porte entraîne également des complications juridiques.

La formule d'entreprise privée convient aux affaires qui n'ont pas besoin de beaucoup de capitaux de démarrage ou qui offrent des produits ou des services qui reposent sur la main-d'œuvre plutôt que sur les capitaux. La plupart des pigistes et des petits fournisseurs de services, comme les bijoutiers et les artisans, ont une entreprise individuelle.

Les sociétés de personnes

Les sociétés de personnes ne sont pas limitées, comme on le croit généralement, aux médecins, aux avocats et aux coiffeurs. Par exemple, beaucoup de restaurants et de bars sont créés à titre de sociétés de personnes dont la propriété est partagée entre un administrateur et un chef, et c'est également le cas d'entreprises aussi diverses que les dépanneurs, les studios de danse et même certaines petites usines. Il arrive souvent qu'une entreprise individuelle se transforme en société de personnes lorsque les besoins en capitaux ou en compétences se font plus pressants. Beaucoup d'entrepreneurs, cependant, hésitent à

RÉSUMÉ : TROIS TYPES DE PETITE ENTREPRISE

L'entreprise individuelle

définition : un seul propriétaire

types courants : petits commerces de détail, professionnels, consultants, pigistes

avantages : contrôle du propriétaire, pas de complications juridiques

inconvénients : responsabilité illimitée du propriétaire

La société de personnes

définition : plusieurs propriétaires

types courants : cabinets professionnels, petites entreprises de toutes sortes

avantages : accès au capital de plusieurs personnes, possibilité de combiner les compétences

inconvénients : nécessité d'accord entre les associés pour les décisions majeures, responsabilité conjointe et solidaire; les changements de la vie personnelle de l'un des associés a un effet sur toute l'entreprise

La société par actions

définition : propriété d'un ou de plusieurs actionnaires, statut juridique indépendant des propriétaires

avantages : responsabilité limitée pour tous les actionnaires

inconvénients : réglementation stricte

partager leur pouvoir de prise de décisions avec d'autres, car il est parfois difficile de trouver des associés qui aient à la fois l'argent et les compétences.

Les associés sont responsables à la fois individuellement et conjointement de toutes les dettes de l'entreprise. Ils peuvent investir de façon à n'assumer qu'une responsabilité limitée, mais ils deviennent alors commanditaires et ne peuvent pas, pour des raisons juridiques, participer aux prises de décisions. Les sociétés de personnes, du fait qu'elles dépendent de la participation de deux ou de plusieurs personnes, sont également vulnérables aux bouleversements qui accompagnent des événements comme les décès, les maladies, les revirements d'attitude et les crises de la vie.

Les sociétés en commandite gagnent actuellement en popularité parce qu'elles permettent de se procurer des capitaux auprès de bailleurs de fonds tout en profitant des abris fiscaux associés aux pertes de démarrage.

Les sociétés par actions

Une société par actions est une entité créée juridiquement qui peut posséder des éléments d'actif et faire des dettes. La constitution en société offre plusieurs avantages, dont l'un est la responsabilité limitée pour tous les actionnaires. Bien qu'elles coûtent davantage au départ, les sociétés par actions sont également cessibles parce qu'elles existent à titre d'entités juridiques, séparément de leurs fondateurs. Certaines lois provinciales peuvent interdire à certains professionnels de se constituer en société par actions.

Les sociétés par actions présentent aussi certains avantages fiscaux. Par exemple, au Québec, les nouvelles sociétés peuvent bénéficier pendant cinq ans d'un congé fiscal qui comprend une exemption de l'impôt provincial sur le revenu et de la taxe sur le capital. Mais, bien qu'il soit important pour toute petite entreprise de tenir des livres, les organismes de contrôle et de réglementation sont particulièrement stricts à cet égard pour les sociétés par actions. La préparation des écritures requises par le gouvernement peut coûter cher et prendre beaucoup de temps.

EMPLOYEZ LA FAMILLE!

Il y a des avantages considérables à employer son conjoint ou des membres de sa famille. En tant que propriétaire de l'entreprise, vous pourriez être dans la tranche d'imposition de 40 pour 100, mais votre mari pourrait être dans la tranche de 25 pour 100. Si vous le payez pour travailler avec vous, non seulement l'argent reste dans la famille, mais vous pouvez déduire le coût de son travail des frais de l'entreprise. Vous gagnez donc des deux côtés. Mais faites attention : cette stratégie fiscale légitime a été utilisée par certains pour éviter les impôts. Si vous payez votre fille 10 000 dollars par an pour ouvrir le magasin tous les matins avant de partir ailleurs au travail, vous ne pourrez pas déduire ce montant des impôts. L'emploi doit être réel et la rémunération réaliste.

Faut-il se constituer en société?

La décision de se constituer en société — c'est-à-dire en une entité juridique séparée des personnes qui participent à l'entreprise — est souvent (mais pas toujours) basée sur la rentabilité de l'entreprise et sur les risques qu'elle court. Georges et Suzanne sont amoureux des livres, mais ce sont aussi des gens d'affaires. Ils emploient six personnes dans leur magasin et ont des frais de personnel réguliers. Ils ont souscrit une assurance sur leur magasin et leurs stocks, et font de la publicité dans les journaux locaux.

Devraient-ils se constituer en société? Oui. Avec un personnel de six personnes et tous ces livres en consignation, ils ne veulent pas être tenus d'assumer personnellement les dettes de l'entreprise en cas de difficultés.

TRANSFÉREZ À VOS ENFANTS LE REVENU DE VOS PLACEMENTS

Pour réduire votre facture d'impôt, vous pouvez aussi partager votre revenu imposable avec vos enfants. Les règles d'attribution limitent le partage du revenu avec les enfants de moins de 18 ans, mais cela ne s'applique pas aux gains en capital, au revenu gagné sur le revenu ni au paiement à votre enfant d'un salaire raisonnable pour le travail exécuté dans l'entreprise familiale.

Comment préparer votre déclaration de revenus personnels

Les impôts sont inéluctables. Ils font aussi l'objet de changements législatifs constants, ils sont complexes et désagréables et ils compliquent tout quand on cherche à maximiser ses économies. Que vous soyez à la tête de 50 employés ou que vous soyez propriétaire d'un magasin de valises avec votre frère, voici quelques conseils pour traverser sans effort (ou presque) la période des impôts.

1. Classez toute l'année les documents pertinents. Ces documents comprennent, entre autres, les relevés RL-1 et RL-3, les feuillets T4 et T5, les reçus des organismes de bienfaisance, les T4RSP et l'avis de cotisation que le gouvernement vous a envoyé après votre déclaration de revenus l'année dernière. (Il contient des renseignements utiles comme la limite de votre cotisation à un REER pour l'exercice courant.)

STRUCTURE D'ENTREPRISE : QU'EST-CE QUI VOUS CONVIENT LE MIEUX?

Type d'entreprise	Avantages	Inconvénients
Entreprise individuelle :	• Une seule déclaration de revenus. • Pertes déductibles de tout autre revenu personnel.	• La vente de l'entre prise pourrait entraîner la divulgation des déclarations de revenus personnels. • Entière responsabilité des dettes de l'entreprise. • Les entreprises à rentabi-lité élevée sont imposées aux taux personnels les plus élevés (habituelle-ment supérieurs aux taux imposés aux sociétés par actions).
Société de personnes :	• Les associés peuvent déduire les pertes de tout autre revenu personnel.	• Chaque associé est pleinement responsable de toutes les dettes de l'entreprise (à l'exception des commanditaires). • S'il y a plus de cinq associés, il faut faire une seconde déclaration de revenus.
Société par actions :	• Possibilité de nom-breuses stratégies fiscales, notamment des taux d'imposition spéciaux sur les petites entreprises et des exonérations sur les gains en capital. • Le transfert de pro-priété ne pose pas de problème. • La responsabilité est limitée aux investissements.	• La structure fiscale et les procédures de déclara-tion de revenus sont beaucoup plus com-pliquées. • Les directeurs d'entre-prise pourraient quand même être tenus responsables. • Les pertes fiscales restent avec l'entité constituée; les actionnaires ne peuvent pas en profiter.

2. La loi stipule que vous devez conserver tous les documents concernant l'impôt sur le revenu pendant six ans à compter de la date de déclaration.

   Puisqu'aucun classeur ne sera assez grand pour toute cette paperasse, nous vous suggérons ce qui suit : une fois que vous aurez fait votre déclaration de revenus, rangez les bordereaux, reçus, etc., dans des enveloppes dûment étiquetées. Mettez tout cela dans un tiroir de votre classeur. Si vous gardez ces renseignements dans l'espace arrière de votre classeur pendant six ans, vous ne devriez pas avoir à craindre une vérification. Certains dossiers commerciaux permanents doivent être conservés au-delà de la limite des six ans.

3. Trouvez-vous un comptable. Quand on est propriétaire d'une petite entreprise, il est essentiel d'avoir un comptable (et ses honoraires sont déductibles d'impôt). Un bon comptable pourra probablement vous épargner beaucoup de soucis et d'argent s'il connaît votre type d'entreprise parce que les règlements du ministère des Finances sont complexes et changent continuellement. Demandez à une personne dans votre domaine de vous recommander quelqu'un.

Salaire, dividendes ou avances?

Votre société peut vous payer de différentes façons. Vous pouvez recevoir un salaire comme les autres employés ou vous pouvez emprunter de l'argent à l'entreprise (ce que l'on appelle une avance ou prélèvement) et le rembourser à la fin de l'exercice en déclarant soit une prime soit des dividendes. L'explication est grossièrement simplifiée. Vous devrez demander à votre comptable ou à votre conseiller financier d'examiner de près votre situation fiscale et celle de votre entreprise pour déterminer quelle forme doit prendre votre rémunération pour réduire vos impôts. D'autres facteurs à considérer sont les conséquences sur vos droits de cotisation à un REER et votre capacité d'emprunt (les prêteurs se méfient des gens qui cherchent à emprunter de l'argent alors que leur déclaration de revenus indique un revenu zéro).

SI VOUS VOULEZ RÉDUIRE VOS IMPÔTS

1. Servez-vous de votre REER pour réduire votre fardeau fiscal. Chaque dollar (à concurrence du montant autorisé) est déductible et demeure totalement à l'abri des impôts tant qu'il reste dans le régime.

2. Si nécessaire, empruntez pour verser la cotisation maximale. Les avantages à long terme du REER dépassent en général de beaucoup l'intérêt sur la dette. Vous pourriez même recevoir un remboursement d'impôt qui vous aidera à rembourser l'argent emprunté.

3. Cotisez à un REER de conjoint pour réduire votre propre fardeau fiscal plus tard dans la vie. Un conjoint à revenu inférieur paiera moins d'impôts sur les fonds qui en seront retirés le moment venu.

4. Envisagez de partager votre revenu. Réduisez les impôts de votre ménage en utilisant les fonds du conjoint dont le revenu est le plus élevé pour payer les dépenses du ménage tandis que celui dont le revenu est le moins élevé utilise son argent pour les placements (dont le revenu sera imposé à un taux inférieur).

5. Employez votre conjoint. Le salaire que vous lui versez sera imposé au taux applicable à votre conjoint, et votre entreprise pourra déduire ce salaire.

6. Si votre entreprise doit être partagée à l'issue d'un divorce, les biens transférés peuvent être évalués soit au prix coûtant, soit au prix du marché. Au prix coûtant, il n'y a pas d'impôt. Mais si le conjoint bénéficiaire vend le bien avant que le divorce n'ait été finalisé, le conjoint donateur doit payer la facture fiscale puisque le mariage n'avait pas encore été dissous lorsque le bien a été vendu. Après le divorce, c'est le conjoint bénéficiaire qui paie la facture.

7. Employez vos enfants dans votre entreprise s'ils peuvent vous dispenser des services légitimes. Ils pourront utiliser ce salaire pour s'offrir les extras que vous auriez dû leur payer avec les dollars qui vous restent après impôt.

8. Envisagez de cotiser à un régime enregistré d'épargne-études. Vous investirez ainsi dans l'éducation de vos enfants tout en mettant à l'abri des impôts le revenu de l'argent placé dans le régime. Bien que les cotisations à un REEE ne soient pas déductibles, on pourra tirer un avantage fiscal, à compter de 1998, de la première tranche de 2 000 dollars de cotisations à l'intention d'un bénéficiaire de moins de 18 ans.

9. Les gains en capital ne sont pas imposés tant que vous ne liquidez pas les éléments d'actif qui les produisent. Vous pouvez donc réduire vos impôts en choisissant le bon moment pour vendre vos immobilisations.

10. L'intérêt sur l'argent que vous empruntez pour prêter à votre entreprise peut être déductible des impôts dans certaines circonstances.

11. Si vous gérez votre entreprise à la maison, vous pourrez déduire différentes dépenses de votre revenu. Les plus courantes sont une portion de vos paiements hypothécaires ou de votre loyer, votre assurance et vos coûts de nettoyage — mais il y en a beaucoup d'autres.

12. Une entreprise constituée en société peut choisir la date de clôture de son exercice. Cela peut présenter des avantages fiscaux considérables pour le propriétaire, surtout en matière de report d'impôt.

Les impôts sur les placements

L'une des ironies prévisibles des placements est que plus ils rapportent, plus les gouvernements en profitent. Tout gain produit par les placements est imposé par les gouvernements, mais tous les gains de placement ne sont pas imposés de la même manière. Voici comment sont imposés les divers types de revenu de placement :

Les intérêts

Les intérêts gagnés — par exemple, l'argent produit par des titres de créance comme les obligations et les CPG — sont imposés dans leur totalité. C'est-à-dire que, si votre taux marginal d'imposition (votre tranche d'imposition) est de 50 pour 100 et que vous gagnez 1 000 dollars en intérêts, vous en paierez 500 en impôt aux gouvernements.

Les dividendes

Les dividendes des sociétés canadiennes ne sont pas imposés de la même manière que les dividendes de sources étrangères. Un dividende est un montant payé par une société par actions aux actionnaires à titre de participation aux bénéfices et, comme la société a déjà payé des impôts sur ce revenu, les gouvernements ont adopté un système de dégrèvement fiscal pour éviter une double imposition. Le dividende reçu est augmenté de 25 pour 100, mais le crédit d'impôt combiné des gouvernements fédéral et provincial équivaut à approximativement 20 pour 100 du dividende majoré versé par une société canadienne. Prenons l'exemple d'une personne dans la tranche d'imposition de 50 pour 100 qui reçoit un dividende de 1 000 dollars. Le dividende est majoré à 1 250 dollars, et l'impôt est donc de 625 dollars. Mais il y a aussi un crédit d'impôt de 250 dollars si bien que le total de l'impôt payé est de 625 dollars moins 250 dollars, soit 375 dollars.

Les gains en capital

Un gain (ou une perte) en capital est la différence entre le prix d'achat et le prix de vente d'un placement. Si vous faites un gain en capital sur un placement, les trois quarts du gain sont imposables à votre taux d'imposition le plus élevé. Comme une perte en capital peut compenser un gain en capital, renseignez-vous sur le meilleur moment où vendre vos placements.

La disposition des exploitations agricoles admissibles et des actions des petites entreprises constituées en société fait l'objet de considérations spéciales dans certaines circonstances. Elles seront examinées au chapitre 11.

Les autres types d'abris fiscaux

Il existe d'autres types, plus exotiques, d'abris fiscaux, notamment les dégrèvements d'impôts accordés à l'industrie cinématographique dont vous entendrez sûrement parler. Méfiez-vous de ces abris et ne vous lancez pas sans consulter un spécialiste.

Faites vos versements

Si votre entreprise n'est pas constituée en société, vous êtes peut-être tenu de verser des acomptes provisionnels tous les trimestres. Les manquements à ces versements peuvent avoir de graves conséquences. Mettez de côté les montants dont vous avez besoin pour payer ces acomptes régulièrement.

Résumé

Les impôts sont une réalité à laquelle il faut faire face, que l'on soit propriétaire ou employé. Personne n'aime lâcher l'argent durement gagné, mais, puisque vous n'avez pas le choix, votre meilleure revanche est de réduire au minimum les montants que vous devez payer et de planifier à l'avance pour veiller à économiser les sommes dues. Il se peut aussi que vous soyez obligé de changer votre type d'entreprise (de vous constituer en société, par exemple) si ce changement représente des économies d'impôts substantielles.

EN BREF

1. **Déterminez quelle est la meilleure structure pour votre société : entreprise individuelle, société de personnes ou société par actions.**

2. **Profitez des moyens à votre disposition pour réduire vos impôts.**

3. **Payez vos impôts tous les trimestres pour éviter d'avoir à payer une grosse somme une fois par an.**

CHAPITRE 7

Les placements haute vélocité

Jean, notre expert en conception numérique, s'intéresse beaucoup aux autres petites sociétés spécialisées dans son domaine et il a pris l'habitude d'y investir des capitaux. Il le fait autant pour aider les autres sociétés qu'à des fins personnelles car il pense que ces placements seront gagnants à tout coup puisqu'il a lui-même si bien réussi dans son entreprise. C'est là que Jean se trompe. Même si certains de ces placements lui ont rapporté de l'argent, il en a perdu beaucoup plus et il ne se rend même pas compte que ses pertes ne compensent pas ses gains. Le problème est que les placements dans les petites sociétés qui démarrent sont ce qu'il y a de plus risqué. Ce n'est pas parce que Jean a réussi qu'il en sera de même de ces autres nouvelles entreprises de haute technologie. Jean devrait consulter son conseiller financier pour voir comment diversifier son portefeuille et y inclure une combinaison de placements à risque élevé, moyen et faible. Il continuera probablement à s'amuser avec ces petits placements, mais, tant qu'il aura des titres de premier ordre pour compenser, il améliorera sa santé financière.

Une fois que vous aurez appris comment trouver un juste équilibre entre l'investissement dans votre entreprise et l'investissement dans votre avenir, vous devrez acquérir des habitudes de placement. Comme vous connaissez la valeur d'un dollar, vous savez déjà probablement ce qui arrive à votre argent lorsqu'il languit dans un compte en banque. Vous avez raison : il se fait manger par l'inflation. Seul un dollar investi judicieusement s'apprécie en dépit de l'inflation et, si vous voulez que votre argent se conduise aussi bien que votre entreprise, il va falloir le mettre quelque part où il travaillera dur pour vous.

En faisant des placements judicieux, vous vous assurerez la sécurité financière, augmenterez votre valeur nette et ferez de grands pas vers l'indépendance financière. Une solide stratégie de placement suppose que l'on connaisse les caractéristiques des différents types de placement et que l'on choisisse la bonne combinaison de placements pour permettre à l'argent de fructifier sans pour autant perdre le sommeil. Comme nous l'avons indiqué au chapitre 1, la meilleure façon d'élaborer une telle stratégie est de consulter un conseiller financier. Une fois que vous aurez trouvé la bonne personne et que vous serez convaincu qu'elle sait comment aborder vos besoins particuliers (et souvenez-vous que tous les conseillers ne sont pas au courant des détails particuliers aux petites entreprises), vous devrez définir qui vous êtes et ce que vous voulez.

Comment choisir un conseiller financier

Les conseillers financiers prennent le temps de comprendre le style de vie et les besoins financiers de leurs clients. Ils ont consacré du temps et de l'énergie à s'initier aux questions de placements, d'impôts, de planification successorale, d'assurances et de planification de la retraite. Ils travaillent aussi parfois avec un réseau de spécialistes qui ont les connaissances approfondies nécessaires pour faire face aux problèmes à mesure qu'ils se présentent. Cherchez un conseiller financier qui combine sens psychologique et connaissance des questions techniques et qui soit capable de suivre la conjoncture financière, économique, politique et sociale. La plupart vous expliqueront les méthodes qu'ils utilisent et vous donneront des renseignements détaillés sur les services qu'ils offrent et la société pour laquelle ils travaillent avant d'amorcer le processus de planification financière.

Critères de sélection d'un conseiller financier :

- Vous vous sentez à l'aise avec le conseiller et avez le sentiment que vous pouvez faire du bon travail ensemble.
- Le conseiller a une formation appropriée.
- Le conseiller appartient à une association professionnelle avec des normes et un code de déontologie.
- Le conseiller travaille pour une institution financière établie et solide.
- Le conseiller est prêt à vous dresser le tableau complet — tel qu'il le voit — de votre situation actuelle et de ce que vous désirez sur les plans personnel, familial et financier.
- Le conseiller à qui vous avez eu affaire la première fois continuera à s'occuper de tous vos besoins subséquents.
- Le conseiller passera votre situation en revue au moins une fois par an.
- Le conseiller vous explique clairement et en détail de quelle façon il est rémunéré.

Connais-toi toi-même

Lorsque vous commencerez à bâtir votre portefeuille, vous devrez vous assurer que votre placement répond à vos objectifs, à votre calendrier et à vos besoins. Commencez par vous demander pendant combien de temps vous pensez investir cet argent et quel est votre degré de tolérance au risque. Quel serait le pire scénario? N'oubliez pas qu'il est toujours judicieux d'avoir recours aux services d'un conseiller professionnel pour éclaircir ces questions. Sachez qui vous êtes et quelle est votre situation financière. Quel revenu désirez-vous obtenir et dans combien de temps? Déterminez votre tolérance au risque.

- **Tempérament** : L'éventualité qu'un jour votre institution financière puisse être frappée par la foudre vous donne-t-elle des cauchemars? Si c'est le cas, un portefeuille de placement aventureux n'est probablement pas la bonne solution. Vous devriez placer votre argent avec prudence.

- **Âge** : Quel âge avez-vous? Si vous êtes jeune et que vous avez peu de responsabilités, vous pouvez prendre de gros risques à long terme, car vous aurez amplement le temps de surmonter les baisses de marché qui risquent de secouer vos placements. Lorsque vous prendrez de l'âge et que vous vous rapprocherez de la retraite, il sera probablement préférable de transférer vos placements dans un portefeuille plus axé sur la sécurité.

- **Responsabilités** : Avez-vous des responsabilités familiales ou de lourdes responsabilités financières? Si vous avez des personnes à charge ou que vous devez rembourser un prêt hypothécaire ou une grosse somme d'argent, vous ne pourrez probablement pas vous permettre de prendre de gros risques et il vaudra mieux investir votre argent de façon plus prudente.

- **Rentrées d'argent** : Quelles sont vos sources de revenu? Si vos rentrées d'argent sont irrégulières ou risquent de diminuer, il vaudra mieux ne pas courir le risque d'investir dans des titres trop volatils.

- **Valeur nette** : Si vous avez un bon coussin pour vous prémunir contre les pertes, que vous ne prévoyez pas retirer votre capital avant longtemps et que votre niveau de tolérance au risque est élevé, vous pouvez vous permettre d'être plus aventureux.

- **Facteur temps** : Plus longtemps vous prévoyez garder votre argent dans un placement, plus vous pouvez prendre de risques à long terme; les gains devraient en effet l'emporter sur les chutes à court terme.

- **Taux de rendement désiré** : Les placements ne présentent pas tous le même niveau de risque et ils ont donc des taux de rendement potentiel différents.

Évaluez votre niveau de tolérance au risque

Vous seul savez comment vous réagissez aux risques et c'est à vous d'évaluer votre zone de sécurité. Demandez-vous : «Quel est le pire qui puisse arriver si ça ne marche pas?» Si «le pire» est quelque chose que vous pouvez assumer, le risque est acceptable. N'oubliez pas qu'il y a également des risques si l'on n'investit pas ou si l'on investit dans des titres dont le rendement après impôt est inférieur à l'inflation. C'est son pouvoir d'achat que l'on met alors en péril. Pour investir de façon intelligente, il faut trouver le juste équilibre entre différents placements de façon à obtenir une croissance à long terme en contrepartie d'un niveau de risque acceptable. Plus on peut attendre avant d'utiliser son argent, plus on peut se permettre d'investir dans des titres volatils. Sur une longue période, les marchés ont en effet toujours dégagé des rendements positifs bien qu'ils aient évolué en dents de scie. La composition de votre portefeuille de placement évoluera à mesure que vous approcherez du moment où vous aurez besoin de votre argent.

Pour déterminer le niveau de risque que vous pouvez assumer, tenez compte de vos objectifs à court et à long terme. Si vous avez l'intention d'acheter une deuxième maison l'année prochaine, ce n'est pas le moment de jouer à la bourse l'argent que vous utiliserez pour la mise de fonds, même si le marché est en pleine expansion. Un repli du marché à la date où vous comptez acheter pourrait avoir des conséquences désastreuses sur votre objectif à court terme.

QUEL EST VOTRE SEUIL DE TOLÉRANCE?

Le risque n'a pas la même signification pour tout le monde. Vous trouverez ci-dessous une échelle de valeurs qui vous aidera à déterminer votre niveau de tolérance.

Aucun : Votre unique préoccupation est la sécurité du capital et la préservation du pouvoir d'achat de votre argent vous importe peu.

Bas : Vous pouvez tolérer, mais seulement à l'occasion, une fluctuation maximale de 10 pour 100 de la valeur de votre placement, et même cela vous déconcerte.

Modéré : Une fluctuation de 10 à 20 pour 100 de la valeur de vos placements ne vous bouleversera pas tant que vous aurez la certitude d'obtenir un rendement positif à long terme.

Élevé : Vous pouvez tolérer une fluctuation de 20 à 50 pour 100 de la valeur de vos placements s'il y a toujours une possibilité de rendement positif à long terme.

Très élevé : Vous pouvez tolérer une fluctuation de 50 pour 100 ou plus de la valeur de vos placements si vous prévoyez un gain appréciable à long terme.

Bien que le niveau de tolérance au risque soit essentiellement une question personnelle, il y a certains principes qui s'appliquent quasiment à tout le monde. Par exemple, une personne de 40 ans peut tolérer davantage de risques qu'une personne de 60 ans qui prévoit de prendre sa retraite dans les années qui viennent. Plus vous approcherez du moment où vous aurez besoin de votre coussin, moins vous voudrez assumer de risques. Pour calculer grossièrement ce «ratio âge/risque», soustrayez votre âge du nombre 100. La différence représente le pourcentage que vous pouvez vous permettre d'investir dans des placements à rendement et à risques plus élevés, comme les actions. Si vous avez 45 ans, par exemple, vous pouvez placer 55 pour 100 de votre portefeuille en actions. Le pourcentage diminuera à mesure que vous vieillirez. Un conseiller pourra vous aider à décider à déterminer la composition de votre portefeuille.

La gestion du risque

Vous ne pouvez ni ne devriez éviter les risques, mais vous pouvez les gérer. C'est comme conduire une voiture sur l'autoroute. Il y a toujours un risque d'accident ou de blessure, mais vous pouvez «gérer» le risque en attachant votre ceinture de sécurité, en conduisant à une vitesse raisonnable, en vous assurant que votre voiture est en bon état, etc. Vous pouvez aller plus loin et décider d'annuler le voyage ou de ne plus sortir de chez vous. Vous diminuerez sans doute le risque d'accident... mais vous augmenterez le risque de faillite pour votre entreprise. De même, vous pouvez ramener à zéro les risques de pertes en capital en gardant votre argent sous votre matelas, mais vous risquez de voir votre pouvoir d'achat dévoré par l'inflation.

Les placements ne devraient pas être une source d'angoisse. La solution est d'évaluer les risques et, avec l'aide d'un conseiller professionnel, de se composer un portefeuille bien dosé. Mais il faut être conscient des différentes catégories de risques et de leurs répercussions sur les différents placements.

Risque d'inflation. Ce risque inquiète tout particulièrement ceux qui investissent dans les certificats de placement garanti (CPG) et d'autres placements dits «sans risques». Si, par exemple, le taux d'inflation est de 3 pour 100, un CPG rapportant 5 pour 100 aura un rendement réel de

2 pour 100 seulement sur cinq ans, et vous finirez probablement par accuser une perte de votre pouvoir d'achat après impôt. À moins que ces placements ne fassent partie d'un REER, les intérêts gagnés sont imposables annuellement.

Risque d'intérêt. Si les taux d'intérêt montent, la valeur marchande des obligations en circulation baisse. Il faut en tenir compte si l'on pense vendre une obligation avant sa date d'échéance.

Risque de change. La fluctuation du taux de change peut diminuer le rendement des placements sur les marchés étrangers.

Risque économique. Certaines industries sont très sensibles aux fluctuations de l'économie. L'industrie automobile, par exemple, a tendance à bien se comporter en période de croissance économique. D'autres, par exemple des services publics comme les centrales électriques et les télécommunications, sont moins sensibles aux cycles économiques.

Risque industriel. Du fait de l'évolution rapide de la technologie, certains secteurs, comme l'informatique, sont essentiellement volatils.

Risque d'entreprise. Lorsqu'on détient une action d'une entreprise, on en possède une part. Il ne faut pas oublier que, même au sein d'un secteur florissant, certaines entreprises peuvent être très mal gérées.

Risque de crédit. Si vous achetez des obligations, vous prêtez de l'argent à une entreprise ou au gouvernement. En cas de difficultés financières, l'emprunteur peut suspendre le paiement des intérêts ou ne pas rembourser le capital.

Risque de liquidité. Vous sera-t-il facile de récupérer votre argent sans perdre trop de capital? Un compte dans une institution financière est liquide. Les biens immobiliers le sont moins, car on ne peut pas vendre avant d'avoir trouvé un acheteur.

Risque politique. Les gouvernements ont le pouvoir de modifier les règles du jeu et ils le font.

Comment évaluer la performance de vos placements

La performance des placements, particulièrement des fonds communs, fait couler beaucoup d'encre. Les journaux n'en finissent pas d'annoncer les tragédies du jour et de faire des prédictions pour demain. Lorsque vous évaluez vos placements — que ce soit en lisant le journal en buvant votre café du matin ou en compagnie de votre conseiller financier — suivez toujours les directives simples suivantes.

Ne comparez pas les pommes avec les oranges. Un fonds de placement constitué d'actions des pays riverains du Pacifique est beaucoup plus volatil que s'il était constitué de fonds hypothécaires. Il s'agit de catégories d'actifs différentes qui comportent des risques différents et qui visent des objectifs différents dans votre plan de placement. Comme vous le verrez dans le tableau suivant qui illustre les meilleures et les pires années pour différents placements, ces derniers accusent de très grandes variations.

Il n'existe pas de boule de cristal. Personne n'aurait pu prévoir quel jour vous auriez dû investir pour profiter du rendement de 129,5 pour 100 en un an des actions japonaises. Si ces prévisions avaient été possibles, tout le monde aurait également évité la perte de à 42,1 pour 100 en une seule année dans le même marché! Votre meilleure carte est d'investir dans différentes catégories d'actifs, et cela tout le temps. C'est pourquoi les fonds de placement sont une si bonne solution pour la plupart des investisseurs et pourquoi il est important d'inclure des actions étrangères dans son REER.

Le temps réduit les risques. Les crêtes et les dépressions sur un an présentées dans le tableau qui suit illustrent la volatilité de chaque catégorie d'actifs. Mais la moyenne des rendements sur cinq ans démontre comment la durée du placement dans une catégorie d'actifs ou un marché particulier réduit le niveau de volatilité. Soyez patient!

Comment choisir sa stratégie de placement

Pour bien choisir sa stratégie de placement, il faut commencer par définir clairement ses objectifs financiers. Pour ce faire, on peut diviser ses éléments d'actif en trois «enveloppes» en fonction de ses objectifs à court, à moyen et à long terme. Votre objectif à long terme, par exemple, pourrait être de vous constituer un portefeuille de placement qui vous fournira les fonds dont vous aurez besoin pour prendre une retraite confortable dans 15 ans; votre objectif à moyen terme, de remplacer votre voiture dans cinq ans; votre objectif à court terme, d'acheter un chalet l'été prochain. Ne prenez que les risques nécessaires pour atteindre ces trois objectifs.

L'argent prévu pour chaque enveloppe peut être distribué dans trois catégories d'actifs : espèces et quasi-espèces. C'est-à-dire des placements liquides comme les obligations d'épargne du gouvernement, les bons du Trésor et les fonds de marché monétaire; titres à revenu fixe qui ont un rendement fixe et sont conservés pendant plus d'un an, comme les CPG et les fonds de placement à revenu fixe; et placements en actions qui peuvent rapporter les gains les plus élevés, mais présentent aussi la plus grande volatilité, comme les actions canadiennes et internationales et les fonds communs d'actions. Considérez que votre portefeuille est composé à la fois de votre REER et de vos autres placements, lesquels ne sont probablement pas à l'abri de l'impôt. Pour ce qui est de vos objectifs à court terme, la plupart de vos placements devront être composés de titres à revenu fixe et de quasi-espèces. Pour le long terme, incluez des placements plus variables comme des actions canadiennes et étrangères pour viser un rendement supérieur. La catégorie à moyen terme comprendra un mélange des deux.

ESPÈCES ET QUASI-ESPÈCES

	RENDEMENT LE PLUS ÉLEVÉ SUR UN AN	RENDEMENT LE PLUS BAS SUR UN AN	RENDEMENT ANNUEL MOYEN SUR 5 ANS
Comptes d'épargne	11,6 %	0,5 %	5,3 %
Dépôts à 3 mois	14,0 %	4,5 %	9,1 %
Obligations d'épargne du Canada	19,1 %	5,1 %	9,4 %
CPG à 5 ans	14,8 %	5,8 %	10,0 %

TITRES À REVENU FIXE

	RENDEMENT LE PLUS ÉLEVÉ SUR UN AN	RENDEMENT LE PLUS BAS SUR UN AN	RENDEMENT ANNUEL MOYEN SUR 5 ANS
Titres hypothécaires	34,8 %	−2,0 %	11,7 %
Obligations	55,6 %	−10,4 %	13,7 %
Actions à dividendes	79,5 %	−14,5 %	12,5 %
Titres immobiliers	19,3 %	−7,1 %	7,5 %

ACTIONS			
	RENDEMENT LE PLUS ÉLEVÉ SUR UN AN	RENDEMENT LE PLUS BAS SUR UN AN	RENDEMENT ANNUEL MOYEN SUR 5 ANS
Indice canadien	86,9 %	−18,5 %	9,7 %
Indice américain	56,9 %	−22,8 %	15,7 %
Indice japonais	129,5 %	−42,1 %	15,6 %
Indice mondial	63,5 %	−23,2 %	13,0 %
Indice européen	111,5 %	−23,5 %	17,1 %

INFLATION			
	TAUX LE PLUS ÉLEVÉ SUR UN AN	TAUX LE PLUS BAS SUR UN AN	TAUX ANNUEL MOYEN SUR 5 ANS
Indice des prix à la consommation	8,3 %	−0,2 %	3,7 %

Remarque : Ce tableau est basé sur des résultats passés, et rien ne garantit que les résultats à venir seront similaires. Tous les taux de rendement sont extraits de la période entre le 1er janvier 1982 et le 31 décembre 1996.

La répartition de l'actif

Pour adapter votre portefeuille à vos besoins de placement, posez-vous les questions suivantes :

- De combien ai-je besoin pour les urgences et mes objectifs à court terme?
- Combien dois-je investir pour atteindre mes objectifs à long terme?
- Devrais-je réinvestir mes revenus de placement ou ai-je besoin de ces revenus?
- Quelles seront les conséquences fiscales de mes placements?
- Quel niveau de variabilité suis-je prêt à assumer?

Votre stratégie de placement devra viser la diversification. C'est ce que l'on appelle la répartition de l'actif, c'est-à-dire la constitution d'un portefeuille composé de titres d'actif appartenant à chacune des trois catégories d'actifs (espèces, titres à revenu fixe et actions) et, dans chaque catégorie, de titres des marchés canadiens et internationaux. Le montant à investir dans chaque catégorie est fonction de votre tolérance au risque et du facteur temps. Les pics dans une catégorie auront tendance à annuler les creux ailleurs. Dans l'ensemble, votre portefeuille devrait vous procurer une croissance plus stable que si vous mettiez tous vos œufs dans le même panier. La plupart des spécialistes sont d'accord : la répartition de l'actif — une proportion équilibrée d'actions, d'obligations et d'espèces — a plus d'impact sur le rendement du portefeuille que le choix des actions les plus performantes.

Si vous vous réveillez avec des sueurs froides le matin de vos 50 ans parce que vous vous rendez compte que vous n'avez pas mis suffisamment d'argent de côté pour conserver votre style de vie quand vous prendrez votre retraite, ne paniquez pas et n'allez pas balancer tout votre argent dans des titres à revenu et à risque élevés dans l'espoir de rattraper le temps perdu. En l'absence d'une saine stratégie, vous pourriez finir par perdre plus que vous ne gagnerez. Pour tirer le maximum de ce que vous avez, votre plus haute priorité doit être d'établir un équilibre entre le risque et le rendement.

Tenez la barre dans la houle des marchés

Une fois que vous aurez déterminé la composition de votre portefeuille, passez-le en revue au moins une fois par an et faites les changements nécessaires pour conserver la combinaison désirée. N'oubliez pas que vous visez la croissance à long terme, alors ne bousculez pas tout chaque fois que le marché bouge. À mesure que vous approcherez de la retraite, vous pourrez faire une plus grande place aux titres à revenu fixe et aux espèces et réduire le pourcentage des placements de croissance. Souvenez-vous que l'âge n'est pas nécessairement le facteur le plus critique. La clé est le temps, non le moment. Ne bricolez pas trop et consultez un spécialiste pour vous aider à trouver la bonne combinaison de placements.

INSTRUMENTS DE PLACEMENT CLASSÉS PAR RISQUE, RENDEMENT ET CONNAISSANCES REQUISES

**CONNAISSANCES REQUISES ÉLEVÉES
RISQUE/RENTABILITÉ ÉVENTUELLE ÉLEVÉ:**

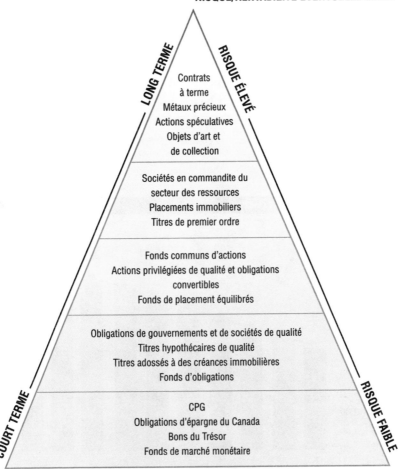

LONG TERME — RISQUE ÉLEVÉ

Contrats
à terme
Métaux précieux
Actions spéculatives
Objets d'art et
de collection

Sociétés en commandite du
secteur des ressources
Placements immobiliers
Titres de premier ordre

Fonds communs d'actions
Actions privilégiées de qualité et obligations
convertibles
Fonds de placement équilibrés

Obligations de gouvernements et de sociétés de qualité
Titres hypothécaires de qualité
Titres adossés à des créances immobilières
Fonds d'obligations

CPG
Obligations d'épargne du Canada
Bons du Trésor
Fonds de marché monétaire

COURT TERME — RISQUE FAIBLE

**RISQUE/RENTABILITÉ ÉVENTUELLE FAIBLES
PEU DE CONNAISSANCES NÉCESSAIRES**

La méthode du placement échelonné

La méthode du placement échelonné consiste à investir une somme d'argent fixe dans un placement donné à intervalles réguliers, disons 100 dollars par mois. Cette méthode est très efficace pour les placements dans des marchés fluctuants comme les actions et les fonds de placement. En fait, cela permet de tirer avantage de ces fluctuations. Si vous investissez chaque mois un montant fixe dans des valeurs mobilières, votre argent vous permet d'acheter un plus grand nombre de titres si le prix unitaire est bas et un plus petit nombre si le prix unitaire est élevé. Si le placement s'apprécie avec le temps, le prix moyen du placement est réduit comme on pourra le voir dans les trois tableaux suivants.

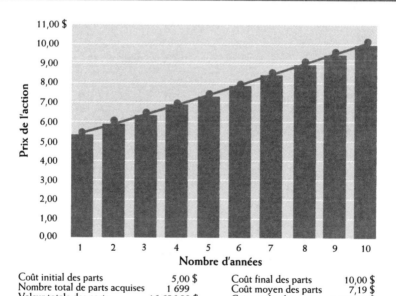

MARCHÉ ASCENDANT CONTINU

Coût initial des parts	5,00 $	Coût final des parts	10,00 $
Nombre total de parts acquises	1 699	Coût moyen des parts	7,19 $
Valeur totale des parts	16 686,00 $	Gain sur le placement	4 686,00 $

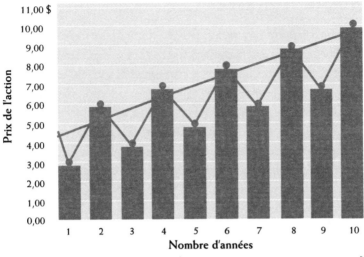

MARCHÉ EN DENTS DE SCIE

Coût initial des parts	5,00 $	Coût final des parts	10,00 $
Nombre total de parts acquises	2 075	Coût moyen des parts	5,78 $
Valeur totale des parts	20 746,00 $	Gain sur le placement	8 746,00 $

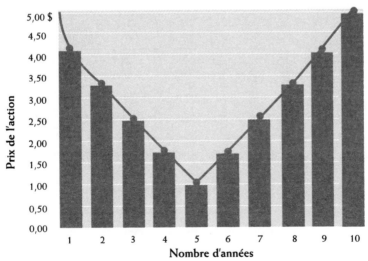

MARCHÉ À LA BAISSE PUIS RETOUR À LA CASE DÉPART

Coût initial des parts	5,00 $	Coût final des parts	5,00 $
Nombre total des parts acquises	4 829	Coût moyen des parts	2,48 $
Valeur totale des parts	24 147,00 $	Gain sur le placement	12 147,00 $

Devriez-vous amortir votre hypothèque ou cotiser à votre REER?

C'est une question que se posent beaucoup de propriétaires parce qu'ils voient souvent l'amortissement de leur hypothèque et l'augmentation de leur REER comme des priorités. La réponse varie suivant la personne et dépend de facteurs comme l'âge et les projets de retraite. Mais l'idéal serait de faire les deux. Si vous maximisez vos cotisations à un REER, vous pourrez utiliser votre remboursement d'impôt pour amortir votre hypothèque. Vous pouvez aussi maximiser votre REER cette année et faire un gros paiement hypothécaire l'année prochaine. N'oubliez pas que toute cotisation autorisée à un REER qui n'est pas utilisée peut être reportée à l'année suivante.

Diversifiez votre actif

Pour bien réussir sa combinaison de titres, il ne faut pas tant être dans le bon marché au bon moment qu'être dans la plupart des marchés la plupart du temps, avec des niveaux de risques variés. Si vous vous êtes constitué un portefeuille à partir de différents éléments, vous avez déjà diversifié votre actif jusqu'à un certain point. Mais la diversification va au-delà du partage de l'argent dont on dispose entre différents instruments de placement. Si vous êtes propriétaire de votre logement, vous avez déjà un placement substantiel dans votre collectivité. Si vous vivez dans une ville à entreprise unique, que vous travaillez dans cette entreprise et que vous avez acheté des actions de la société, vos éléments d'actif sont très concentrés. Cherchez des placements qui vous permettront de sortir une partie de votre argent de votre collectivité, de votre entreprise et même du Canada — notre économie peut traverser une période de morosité alors que d'autres sont en période d'expansion. Les fonds de placement internationaux rendent maintenant ces placements possibles même si vous n'avez pas une fortune à investir!

Résumé

Votre portefeuille de placement est une chose personnelle et devrait correspondre à votre profil et à vos besoins. Les types de placement que vous devriez faire dépendent de facteurs comme votre âge, votre tempérament, vos responsabilités et le moment où vous voulez prendre votre retraite. Pour vous sentir en sécurité, vous auriez avantage à travailler avec un conseiller financier. Un conseiller vous aidera à mieux vous connaître et à évaluer les instruments qui vous conviennent, et vous montrera comment vous constituer un portefeuille de placement diversifié qui réponde à vos besoins. Pour tirer le maximum de vos placements, faites des placements échelonnés et placez tous les mois une somme fixe dans votre portefeuille de retraite. Si vous avez planifié votre portefeuille avec soin et que vous faites confiance à votre conseiller financier, vous ne devriez pas avoir besoin de paniquer et de tout remanier en fonction des aléas du marché. Vous devriez passer votre portefeuille en revue au moins une fois par an avec votre conseiller financier mais, à part ça, attachez votre ceinture et regardez votre argent fructifier.

EN BREF

1. **Trouvez un conseiller financier avec qui vous vous sentez à l'aise.**

2. **Constituez-vous un portefeuille en fonction de vos objectifs, de votre seuil de tolérance au risque et du temps que vous avez devant vous. Mais souvenez-vous qu'il est impossible d'éviter complètement les risques.**

3. **Veillez à ce que votre portefeuille comprenne un mélange d'espèces, de titres à revenu fixe et de placements en actions.**

4. **Passez votre portefeuille en revue au moins une fois par an mais ne réagissez pas chaque fois que le marché a le hoquet — souvenez-vous que vous investissez à long terme.**

CHAPITRE 8

Les instruments de placement

Les types de placement

Si l'on veut devenir un investisseur informé, il faut comprendre ce qu'on achète et pourquoi, et évaluer les risques et les conséquences fiscales de ses placements. Nous vous proposons de commencer par examiner les deux catégories de placements de base : les titres de créance et les titres de participation.

Les titres de créance

Les gouvernements, les entreprises et les particuliers empruntent pour diverses raisons. Les documents qui constatent ces prêts s'appellent des obligations. Si vous achetez une obligation, vous êtes un prêteur. Avant de prêter votre argent, vous devez savoir :

- quelles seront vos chances de remboursement;
- quel revenu vous rapportera le prêt;
- quand et comment vous recevrez votre capital et les intérêts.

Les titres de créance produisent des intérêts. Une fois l'obligation émise, elle prend de la valeur si les taux d'intérêt baissent et vice-versa.

Cela se traduit par des gains ou des pertes en capital qui ne reçoivent pas le même traitement fiscal que l'intérêt.

Les titres de participation

Il s'agit généralement d'actions émises par une entreprise. L'investisseur qui achète les actions d'une entreprise en possède une partie et en partage les risques et les bons coups. Avant d'acheter des actions d'une société, il faut se renseigner sur l'entreprise, ses perspectives d'avenir, son marché et ses concurrents. Les actions offrent des possibilités de gains en capital, et l'entreprise peut même verser des dividendes à ses actionnaires.

Les variantes

Il existe un large éventail de produits de placement. Les plus populaires et les plus faciles à comprendre sont les fonds de placement. Mais quel que soit le placement choisi, il ne faut pas se leurrer; les choses sont toujours plus complexes qu'elles ne paraissent à première vue. Il faut toujours surveiller l'évolution de ses placements et choisir ses conseillers avec soin.

La durée du placement et le choix du moment pour investir

On peut placer son argent pendant des périodes allant de moins de 30 jours à plus de 30 ans. Si l'on investit à long terme, il faut tenir compte de l'inflation et de l'évolution des taux d'intérêt pendant les décennies à venir; il y a donc un élément de risque. Si l'on a bien visé, les bénéfices peuvent être importants. Certaines personnes détiennent encore des obligations du gouvernement émises à des taux d'intérêt de 10 pour 100 et plus quand l'inflation était élevée. Les actions sont quelque peu différentes. Leur valeur peut s'évaporer d'un moment à l'autre; il faut donc les suivre de près et, à l'occasion, savoir jouer. Les rendements sont cependant généralement meilleurs si l'on conserve ses actions plus longtemps. De façon générale, les placements à court terme demandent une gestion à court terme et il faut donc y consacrer plus de temps. N'oubliez jamais, cependant, que tout placement doit être suivi de près. La stratégie se résume en trois phrases : quand faire le placement, combien de temps le garder et quand le vendre.

La valeur

Lorsque vous achetez, vendez ou échangez des actions, n'oubliez pas que la valeur d'une action ne correspond pas nécessairement à celle que vous lui accordez. Elle ne vaut pas plus que ce qu'un acheteur est prêt à payer pour l'acquérir.

Les placements à votre disposition

Vous trouverez dans les pages qui suivent un bref aperçu des catégories de placements les plus populaires, dont les titres de créance et les titres de participation. Leurs risques et leur rendement diffèrent. Examinez toutes les options qui s'offrent à vous et discutez-en avec votre conseiller financier pour déterminer ce qui vous convient le mieux.

Les titres de créance

Les placements à revenu d'intérêt ou à revenu fixe

Lorsque l'on fait un placement à revenu fixe, le revenu est déterminé à l'achat. Le taux d'intérêt peut être fixe ou varier suivant la durée du placement. Le revenu est versé à intervalles réguliers ou à l'échéance. Le même principe s'applique au capital (si vous investissez dans une hypothèque amortie, par exemple, vous récupérez une partie de votre argent à chaque paiement). Si votre degré de tolérance au risque est peu élevé, c'est le type de placement que vous devriez privilégier. Mais n'espérez pas y faire fortune. Pour calculer vos gains véritables, vous devrez soustraire les impôts et le taux d'inflation. Par exemple, supposons que :

- Votre taux de rendement soit de 8 pour 100.
- Votre tranche d'imposition soit de 50 pour 100.
- Le taux de l'inflation soit de 3 pour 100.

Votre taux de rendement réel n'est que de 1 pour 100 (8 − 4 − 3 = 1). C'est votre tranche d'imposition qui déterminera votre taux d'imposition. En supposant que votre emprunteur soit fiable, les deux plus grands risques à assumer dans ce type de placement sont l'inflation (dans notre exemple, il ne sera plus question de gains si le taux d'inflation atteint les 5 ou 6 pour 100) et les taux d'intérêt (vous devrez vous contenter du rendement fixe prévu même si les taux d'intérêt augmentent).

Les obligations d'épargne du Canada (OEC)

- Il s'agit d'une catégorie particulière d'obligations gouvernementales. Elles ne sont pas échangeables et on peut seulement les conserver ou les encaisser.
- Après les trois premiers mois, les intérêts sont versés jusqu'à la fin du mois précédant l'encaissement.
- Le revenu d'intérêt est entièrement imposable chaque année à moins que l'obligation n'ait été achetée dans le cadre d'un REER.
- Ces obligations représentent un placement simple et facile.
- Elles sont offertes dans la plupart des institutions financières.
- Elles sont émises à un taux d'intérêt fixe (mais pas nécessairement le même pendant toute la durée de l'obligation).
- Elles sont faciles à encaisser (très liquides).
- On peut les acheter pour une somme aussi minime que 100 dollars.

Les bons du Trésor

- Ces titres émis par l'État offrent un rendement précis pendant une période déterminée (normalement courte).
- Le revenu d'intérêt est entièrement imposable chaque année à moins que les bons n'aient été achetés dans le cadre d'un REER.
- Les bons du Trésor représentent un placement de tout repos; on les compare aux liquidités.
- Ils sont émis par le gouvernement du Canada et des provinces pour des durées de 91, 182 et 364 jours.
- Ils peuvent être achetés et vendus en tout temps par l'entremise des banques ou des courtiers.
- Le taux de rendement est déterminé.
- Ils sont habituellement vendus par tranche de 5 000 dollars à 25 000 dollars ou plus.
- Ils se vendent à escompte et sont remboursables à l'échéance à la valeur nominale.

Les dépôts à terme

- Ce sont des instruments qui permettent de déposer une somme d'argent pendant une période déterminée à un taux d'intérêt fixe ou variable.

- Ils sont offerts dans la plupart des institutions financières.
- Ils s'accompagnent habituellement d'un taux d'intérêt garanti pendant toute la durée.
- Le revenu d'intérêt est entièrement imposable chaque année à moins que le placement n'ait été fait dans le cadre d'un REER.
- L'argent est placé pour une durée précise; les remboursements prématurés peuvent faire l'objet d'une pénalité.
- Le placement minimal est de 500 dollars, et la somme est généralement investie pendant une période allant de 30 à 364 jours.
- Les dépôts peuvent être garantis par la Société d'assurance-dépôts du Canada (SADC) ou la Régie de l'assurance-dépôts du Québec (RADQ).
- Si la durée du placement est inférieure à un an, on parle de certificat de dépôt; si elle est supérieure, de certificat de placement garanti.

Les certificats de placement garanti

- Ce sont des dépôts productifs d'intérêts, lesquels peuvent être versés périodiquement ou à l'échéance.
- Placements de tout repos : garantis par la SADC ou la RADQ jusqu'à un maximum de 60 000 dollars s'ils sont achetés dans une institution membre de la SADC ou de la RADQ pour une durée de cinq ans ou moins (si vous avez plus de 60 000 dollars à investir, achetez vos certificats dans plus d'une institution assurée).
- Le revenu d'intérêt est entièrement imposable chaque année à moins que le placement n'ait été fait dans le cadre d'un REER.
- Les certificats de placement garanti (CPG) sont offerts dans la plupart des institutions financières.
- La structure et les stratégies d'achat sont les mêmes que pour les dépôts à terme.
- Les CPG ne peuvent pas être échangés. On ne peut généralement pas les encaisser avant l'échéance et les rachats prématurés sont soumis à des pénalités.
- Les minimums, établis par l'institution émettrice, sont faibles.
- La durée habituelle varie entre un et cinq ans.

Les obligations gouvernementales

- Ces obligations sont une façon de prêter de l'argent au gouvernement à un taux d'intérêt fixe.
- Le revenu d'intérêt est entièrement imposable chaque année à moins que le placement n'ait été fait dans le cadre d'un REER.

- Les obligations gouvernementales représentent un placement facile et de tout repos.
- Elles sont offertes dans la plupart des institutions financières.
- Elles sont émises à un taux d'intérêt fixe.
- Elles peuvent être échangées. Le gain ou la perte en capital doivent être déclarés au fisc.

Les obligations de sociétés

- Ces obligations sont émises par des sociétés. Vous leur prêtez une certaine somme d'argent pendant une période de temps déterminée à un taux d'intérêt fixe.
- Le revenu d'intérêt est entièrement imposable chaque année à moins que le placement n'ait été fait dans le cadre d'un REER.
- Les obligations de société peuvent être sûres ou présenter des risques suivant la société qui les émet.
- On peut habituellement les acheter par l'entremise de courtiers en valeurs mobilières.
- Elles sont généralement faciles à encaisser.
- Elles peuvent être échangées. Le gain ou la perte en capital doivent être déclarés au fisc.

Les hypothèques

- Ce type de placement permet de prêter de l'argent à une personne ou à un groupe de personnes pour les aider à financer leur maison. Les hypothèques sont garanties par la valeur de la propriété.
- Le revenu d'intérêt est totalement imposable chaque année à moins que le placement n'ait été fait dans le cadre d'un REER.
- Les hypothèques peuvent être sûres ou comporter des risques suivant l'emprunteur.
- Les taux d'intérêt sont variables ou fixes.
- Il peut être difficile de revendre une hypothèque. Le produit réalisé ou la perte subie doivent être déclarés au fisc.

Les obligations à coupons détachés

(appelées également obligations à coupon zéro, obligations à coupons détachés, obligations résiduaires et reçu d'investissement croissant à terme)

- Les obligations de gouvernement représentent une valeur plus sûre que les obligations de société.
- Elles sont achetées à escompte et sont remboursables à l'échéance à la valeur nominale.

LA SOCIÉTÉ D'ASSURANCE-DÉPÔTS DU CANADA

La Société d'assurance-dépôts du Canada (SADC) est une société d'État qui garantit les dépôts admissibles faits dans ses institutions membres, dont la plupart des banques et sociétés de fiducie du Canada. Il est préférable de vérifier l'admissibilité d'une institution, surtout en cas de doute. Dans l'affirmative, votre dépôt admissible est automatiquement garanti. Sont généralement «admissibles» les comptes d'épargne, les CPG, les comptes chèques et les dépôts à terme en dollars canadiens. Les CPG doivent en outre être remboursables avant cinq ans. La SADC garantit les placements jusqu'à concurrence de 60 000 dollars (somme du capital et des intérêts courus de tous les dépôts et comptes). Si vous voulez investir davantage, faites affaire avec plus d'une institution. Veillez cependant à ne pas déposer plus de 60 000 dollars dans chaque institution (en tenant compte des intérêts). Les dépôts dans plusieurs succursales de la même institution n'augmenteront pas votre couverture mais il y a d'autres solutions : les dépôts en commun et les dépôts pour REER admissibles sont assurés séparément. Chaque personne ou groupe de personnes a droit à une couverture maximale de 60 000 $ sur les dépôts admissibles. Ne sont pas admissibles les débentures, les comptes en devises étrangères, les actions, les fonds de placement, les hypothèques, les bons du Trésor ainsi que la plupart des obligations.

- Le montant réputé constituer des intérêts est entièrement imposable chaque année à moins que le placement n'ait été fait dans le cadre d'un REER (c'est un sujet complexe; il est recommandé de consulter son conseiller financier).
- On peut racheter les obligations pour un montant déterminé à une date ultérieure (qui peut aller jusqu'à 30 ans plus tard).
- Les obligations peuvent être échangées. Le produit réalisé ou la perte subie lors de la cession sont imposables.

Les titres de participation

Les actions ordinaires et privilégiées

Les titres de participation sont plus volatils que les placements à revenu fixe. L'offre et la demande, qui déterminent leur valeur marchande, sont influencées par de nombreux facteurs. Le cours de l'action monte ou baisse en fonction du bénéfice net de l'entreprise, de sa croissance potentielle et de la santé du marché en général. Toutes sortes d'éléments entrent en ligne de compte : rumeurs, règlements gouvernementaux, concurrence et autres réalités impossibles à prévoir. Si vous vendez vos actions à un prix supérieur au prix d'achat, ce qui est l'espoir de tout investisseur, vous réaliserez un gain en capital. Vous pourrez également recevoir des dividendes, ce qui signifie que l'entreprise partagera une partie de ses profits sous forme de versements réguliers en espèces ou en actions. Si la société a émis des actions privilégiées, la majorité des dividendes ira aux détenteurs de ces actions, ne laissant quasiment rien aux actionnaires ordinaires. Ces derniers bénéficieront, par contre, de la majorité des bénéfices si la valeur de la société augmente.

Action : Titre représentant une participation au capital social d'une entreprise.

Obligation : Certificat qui prouve que l'on a prêté une somme d'argent à une société ou à un gouvernement pour une période de temps déterminée à un taux d'intérêt fixe.

Actions ordinaires : Si l'on détient des actions ordinaires dans une société, cela signifie en fait que l'on possède une part de la société. Si la valeur de la société augmente à la bourse, on fait un profit, si elle baisse, on subit une perte.

Actions privilégiées : Ces actions versent un dividende fixe. Si la société qui les émet n'obtient pas de bons résultats, ce sont les actionnaires privilégiés qui reçoivent un dividende plutôt que les actionnaires ordinaires. (Si les résultats sont vraiment médiocres, personne ne reçoit quoi que ce soit!) Inversement, si la société obtient de bons résultats, les actionnaires privilégiés ne reçoivent que le dividende fixe et ne partagent habituellement pas les dividendes imprévus.

Fonds de placement : Ces fonds sont gérés par des organismes qui mettent en commun l'argent de milliers d'investisseurs. Le gestionnaire du portefeuille bâtit un portefeuille diversifié de valeurs mobilières (actions, obligations, effets du marché monétaire, etc.) au nom des investisseurs du fonds et conformément aux objectifs du fonds. Comme ce fonds est diversifié, il représente généralement un placement moins risqué que si l'on achetait des actions individuellement.

Les actions peuvent être relativement sûres ou purement spéculatives. Même si elles semblent très sûres, elles peuvent être plus volatiles que la plupart des instruments à revenu fixe. Elles pourront vous permettre de faire de gros profits (à long terme, les actions ont habituellement les meilleurs rendements), mais elles pourront aussi être une source d'anxiété, particulièrement si vous achetez des actions à quelques sous qui montent et baissent à une vitesse à vous faire perdre la voix, et votre argent en même temps.

N'oubliez pas que plus vous serez audacieux sur le marché boursier, plus vos placements (et votre sommeil) se retrouveront à risque, notamment à court terme. Vous devriez vous assurer un coussin de sécurité pour les urgences. Avec les actions, il faut vraiment savoir ce que l'on fait. Si vous n'avez pas le temps de gérer vos placements, trouvez un conseiller financier digne de confiance qui vous aidera à vous constituer un portefeuille de placements à votre mesure. Si vous voulez investir, mais que vous avez peu d'économies ou ne possédez pas les connaissances pertinentes pour vous tenir continuellement au courant, pensez sérieusement aux fonds de placement.

Les fonds de placement

Tout le monde connaît l'existence des fonds de placement, mais on ne sait pas nécessairement comment ils sont gérés. Un fonds de placement regroupe l'argent de milliers d'investisseurs et l'investit dans un portefeuille de valeurs mobilières au nom des investisseurs

LA POPULARITÉ DES FONDS DE PLACEMENT

Tout le monde le fait — vos collègues, votre voisin de palier et peut-être même votre grand-mère. Mais est-ce que votre capital et votre taux de rendement sont garantis? Non. Les fonds de placement ne sont pas garantis par une société d'assurance-dépôts comme la SADC. Vous êtes protégé en cas de faillite de la société de gestion du fonds commun de placement car l'actif du fonds est déposé en fiducie et le fiduciaire du fonds engagera un nouveau gestionnaire pour le gérer. Mais il faut savoir qu'aucune garantie n'est offerte quant à la performance du fonds. Si la valeur des avoirs du fonds décroît, la valeur de votre placement décroît avec eux.

et conformément aux objectifs du fonds. Les valeurs mobilières peuvent comprendre une ou plusieurs des catégories courantes : actions, obligations, biens immobiliers, effets du marché monétaire et autres instruments.

Les fonds de placement offrent un certain nombre d'avantages. La diversification permet généralement de réduire les risques mais, si l'on n'a pas beaucoup d'argent à investir, il n'est pas facile d'acheter un éventail de titres. Or, il vous suffit de 500 dollars pour acheter des parts dans un fonds de placement et le tour est joué, votre portefeuille est diversifié. Les titres des fonds sont choisis par des équipes de gestionnaires professionnels compétents, avec plusieurs années d'expérience derrière eux, qui évaluent minutieusement chaque titre du portefeuille et rencontrent souvent les présidents des sociétés dans lesquelles ils investissent — ce qu'un particulier ne peut guère espérer faire. Alors que les marchés mondiaux peuvent présenter des difficultés et des risques pour l'investisseur individuel et que le prix des titres de premier ordre peut être hors de portée, les fonds de placement permettent d'accéder à l'un et à l'autre. Les fonds de placement sont flexibles : on peut choisir une variété de fonds selon ses besoins. Enfin, ces fonds ne sont pas immobilisés et l'on peut généralement se faire rembourser en tout temps. Le gestionnaire du fonds fait le suivi de toutes vos transactions et vous envoie régulièrement des relevés ainsi que les renseignements dont vous avez besoin pour remplir votre déclaration de revenus annuelle. Il y a, bien sûr, un prix à payer pour tous ces avantages. Les services offerts par les gestionnaires s'accompagnent de frais de gestion. De plus, il faut, pour bon nombre de fonds, payer des frais de souscription ou de rachat si l'on veut acquérir des parts ou s'en départir.

Il existe plusieurs catégories de fonds de placement qui offrent des options de placements très diverses. Vous trouverez ci-dessus certaines des catégories les plus courantes.

Les fonds de marché monétaire

- Utilisent des instruments du marché monétaire à court terme (bons du Trésor, papier commercial ou de gouvernement, etc.) pour procurer un revenu, des liquidités et une sécurité du capital pendant la période de placement.
- Le rendement varie en fonction des intérêts payés sur les placements.
- Risque minime.

LES FRAIS

1. Frais de gestion
- Basés sur la valeur et la croissance du fonds.
- Représentent un pourcentage de l'actif total du fonds et varient entre 0,5 et 3 pour 100. Utilisés aux fins de gestion et d'administration du fonds.

2. Fonds sans frais de vente
- Certaines parts sont vendues sans frais ni commission. Méfiez-vous! Ces fonds s'accompagnent parfois de frais de gestion plus élevés ou encore de frais cachés.

3. Frais de souscription ou d'acquisition
- Les frais de souscription sont déduits à l'achat des parts et représentent un pourcentage du prix d'achat qui dépasse rarement 5 pour 100. Cela signifie que votre argent n'est pas investi en totalité dans les fonds de placement.

4. Frais de rachat
- Une commission est déduite lors du rachat du placement — mais ce montant diminue en fonction de la période de détention des parts. Si l'on conserve son fonds de placement suffisamment longtemps, on n'a donc généralement plus à payer de frais de rachat.

Les fonds hypothécaires

- Achètent des créances hypothécaires résidentielles et commerciales.
- Le rendement varie en fonction des revenus gagnés sur les hypothèques et des possibilités de gains en capital.
- Les fonds hypothécaires résidentiels, les titres adossés à des créances hypothécaires et les hypothèques commerciales représentent un risque minime.

Les fonds d'obligations ou fonds à revenu

- Achètent des obligations des gouvernements et de sociétés ouvertes ou fermées.
- Le rendement varie en fonction des revenus d'intérêt sur les obligations et des gains en capital possibles.

- Risque minime à moyen qui dépend du type de la société émettrice, des gouvernements, des taux d'intérêt, de l'environnement économique, etc.

Les fonds de dividendes

- Procurent un revenu sous forme de dividendes avantageux sur le plan fiscal et offrent une possibilité de croissance du capital.
- Achètent des actions ordinaires et privilégiées.
- Risque moyen.

Les fonds équilibrés

- Visent une certaine sécurité du capital et un équilibre entre le revenu et la plus-value du capital.
- Achètent une combinaison d'actions et d'obligations.
- Le rendement varie en fonction du revenu gagné sur les placements, ainsi que des gains en capital.
- Risque moyen.

Les fonds d'actions

- Risque moyen à élevé, selon la catégorie d'actions.
- Visent à procurer des gains ou une plus-value du capital.
- Achètent des actions ordinaires.
- La valeur des fonds d'actions fluctue de façon plus radicale que celle des autres fonds de placement.
- Le rendement varie en fonction des gains en capital et des revenus de dividendes.

L'IMPORTANCE DU PROSPECTUS

Un prospectus, dans le monde du placement, est un document que la commission des valeurs mobilières compétente exige de quiconque veut offrir au public des actions ou d'autres valeurs mobilières. Bien que sa lecture soit ardue, il contient des renseignements importants sur l'émetteur de l'action. Pour les nouvelles sociétés, il serait préférable d'examiner le prospectus avec un conseiller professionnel. Les sociétés de fonds communs de placement publient également des prospectus. On y retrouve les objectifs de placement du fonds et beaucoup d'autres renseignements importants.

Les fonds internationaux et mondiaux

- Risque moyen à très élevé, selon les objectifs du fonds, les devises en cause, la région géographique, etc.
- Recherchent sur les marchés internationaux les titres qui offrent les meilleures chances de croissance.
- Achètent des obligations, des actions ou des titres du marché monétaire, ou un mélange des trois.

Les fonds sectoriels

- Recherchent des gains en capital et des rendements supérieurs à la moyenne.
- Achètent des actions dans une industrie ou un secteur particulier.
- Le rendement varie en fonction de la croissance de la valeur des placements.
- Risque élevé — vulnérables aux fluctuations du secteur concerné.

Les fonds de biens immobiliers

- Recherchent des occasions de croissance à long terme grâce à la plus-value du capital et au réinvestissement du revenu.
- Sont moins liquides que la plupart des autres catégories de fonds.
- Peuvent exiger des investisseurs qu'ils donnent un préavis de rachat.
- Sont soumis à une évaluation régulière basée sur les évaluations professionnelles des titres du portefeuille.
- Risque élevé, surtout ces dernières années en raison de la situation du marché des biens immobiliers.

Les fonds éthiques

- Avant de faire un placement, les gestionnaires de ces fonds évaluent les conséquences éthiques (p. ex. peuvent ne pas investir dans des sociétés qui tirent des profits de la vente d'alcool, de matériel pornographique, de tabac ou d'armements, ou dans des sociétés qui ne satisfont pas aux critères environnementaux).
- Risque moyen à élevé.

Les fonds des travailleurs

- Ne sont pas à proprement parler des fonds de placement, mais plutôt des fonds de capital de risque qui investissent dans les petites entreprises.
- Offrent des allégements fiscaux aux investisseurs : le montant diffère selon la province.
- Il peut être impossible de racheter ses parts pendant les cinq à sept premières années, ou le rachat peut être sujet à une pénalité selon la législation provinciale.
- Des frais de rachat sont généralement exigés pendant une certaine période.
- Risque élevé et liquidité minime.
- Les fonds sont régis par les législations provinciales, et les règlements diffèrent d'une province à l'autre.

Les fonds indiciels

- Risque moyen à élevé.
- Visent à procurer des gains en capital.
- Ces fonds sont composés de titres qui reflètent exactement l'indice des cours d'une bourse particulière (un fonds indiciel canadien sera donc composé de titres qui reflètent l'indice composé de la Bourse de Toronto [TSE 300] ou de la Bourse de Montréal; un fonds indiciel américain, l'indice des valeurs industrielles Dow Jones).
- Le rendement varie en fonction des gains en capital et des revenus de dividendes.
- Gérés de façon à toujours être le miroir de l'indice boursier.

Résumé

Les placements dans un portefeuille diversifié sont une excellente solution si l'on veut mettre de l'argent de côté pour s'assurer une retraite confortable. Mais il ne faut pas oublier que même le placement le plus sûr comporte certains éléments de risque. Tirez avantage des différents instruments de placement disponibles. Et n'oubliez surtout pas que l'investissement est un processus actif : vous avez votre rôle à jouer et vous devez comprendre les différents types de placements. Trouvez un conseiller financier qui pourra vous aider à décider de la bonne combinaison de placements à long terme et à vous constituer un portefeuille performant.

EN BREF

1. **Tous les placements sont porteurs de risques.**
2. **Évaluez quels types de placement vous conviennent le mieux en fonction de votre situation.**
3. **Suivez vos placements.**

CHAPITRE 9

Les bonnes dettes et les mauvaises dettes

Comment gérer ses dettes

Les conseillers financiers recommandent généralement que le ratio entre la dette et le revenu, c'est-à-dire la dette mensuelle divisée par le montant du revenu net, ne dépasse pas 40 pour 100. Comptez dans vos dettes votre loyer ou votre paiement d'hypothèque mensuel, vos prêts automobiles et le solde mensuel minimal de vos cartes de crédit. Le revenu est votre revenu mensuel une fois les impôts et les dépenses d'entreprise payés. Pour calculer le pourcentage, divisez le montant de la dette par le montant du revenu.

Le fardeau des dettes est différent pour les petits entrepreneurs simplement parce qu'ils peuvent éviter que les mauvaises dettes de la société n'infectent leurs finances personnelles. Mais ce n'est pas parce que l'on est protégé qu'il ne faut pas gérer ses dettes intelligemment, aussi bien sur le plan commercial que personnel.

Les bonnes dettes et les mauvaises dettes

Un exemple de bonne dette est l'argent que l'on emprunte pour cotiser à un REER, améliorer son équipement ou suivre un cours pour s'initier à une nouvelle technologie. Lorsque l'on emprunte pour faire un placement, l'intérêt est habituellement déductible du revenu imposable si le produit de l'emprunt est investi de façon à fructifier. La déductibilité des intérêts ne s'applique pas aux emprunts utilisés pour investir dans un REER.

Les mauvaises dettes sont les dettes que l'on contracte sans rien obtenir de concret en retour. Les dettes à coût élevé sont aussi de mauvaises dettes. Ce n'est pas faire une bonne dette que d'utiliser inconsidérément sa carte de crédit pour passer la soirée dans des restaurants et des bars chics, acheter d'innombrables CD ou payer sa facture de téléphone cellulaire. C'est là un comportement doublement dangereux, car il signifie que l'on n'a pas établi son budget correctement et que l'on vit au-dessus de ses moyens.

Qui dit dettes à long terme dit paiement d'intérêts, et il arrive que les intérêts finissent par dépasser de beaucoup la dette initiale. Alors, trouvez le moyen de rembourser vos dettes avant qu'elles ne vous ensevelissent.

Comment rembourser ses mauvaises dettes

Même si vous avez accumulé de mauvaises dettes, il y a des choses à faire pour redresser la situation.

- Classez vos dettes par priorité et remboursez les dettes à coût élevé et non déductibles du revenu imposable, comme le solde des cartes de crédit et les prêts automobiles, avant les dettes à faible intérêt comme les prêts bancaires.
- Renseignez-vous pour voir si vous pouvez vous procurer une carte de crédit à intérêt plus faible et transférez le solde à intérêt élevé sur votre nouvelle carte. C'est là que la cote de crédit établie précédemment s'avérera utile.
- Débarrassez-vous des cartes superflues. Après tout, de combien de cartes avez-vous vraiment besoin? Déchirez-les et payez ce que vous devez. Les cartes représentent une trop grande tentation. Quand on arrive à sa limite sur une carte, c'est trop facile d'en sortir une autre.

- Attention aux cartes de paiement des grands magasins. Leur taux d'intérêt est généralement exorbitant, quelque 28 pour 100 et, de toutes façons, les magasins acceptent les principales cartes de crédit.

- Consolidez vos dettes en combinant les dettes plus petites en une dette plus importante à taux d'intérêt plus faible. Sachez cependant que, même si l'intérêt est moins élevé, vous risquez de finir par payer davantage. Si vos versements mensuels sont moins élevés, il vous faudra plus longtemps pour rembourser la dette, ce qui vous coûtera davantage en intérêts à long terme.

- Envisagez de puiser dans votre compte d'épargne ou dans vos obligations d'épargne du Canada pour payer vos dettes à intérêt élevé. L'intérêt après impôt que vous perdrez sur les liquidités ou les obligations risque d'être très inférieur à l'argent que vous gagnerez en remboursant le montant du solde non payé de votre carte de crédit.

- Commencez à payer vos achats comptant ou avec une carte de débit. De cette façon, vous saurez exactement ce que vous pouvez dépenser et vous vous habituerez à ne pas vivre au-dessus de vos moyens. Considérez votre carte de débit comme une espèce de chéquier en plastique et notez tous les achats que vous faites avec comme si vous payiez par chèque.

- Payez vos autres prêts à intérêts élevés avant de rembourser votre hypothèque. Les dernières dettes à rembourser sont celles qui sont déductibles du revenu imposable.

Utilisez vos dettes à votre avantage

Cela peut paraître étrange, mais les dettes peuvent vous être utiles. Si vous gérez vos dettes de façon judicieuse, vous obtiendrez une bonne cote de crédit, ce qui pourra vous aider quand vous aurez besoin de financer des achats plus importants comme une maison, un chalet ou la Porsche dont vous avez toujours rêvé.

Faut-il acheter ou ne pas acheter?

L'acquisition de biens importants peut faire l'objet de plusieurs stratégies qui varient en fonction du bien et ne relèvent pas nécessairement de la gestion des dépenses régulières. On peut acheter, louer ou prendre à bail. Chacun de ses choix entraîne des conséquences différentes. Pour acheter, on peut avoir besoin d'emprunter. Il y a certaines choses à considérer avant d'acheter :

- la dépréciation
- la hausse des coûts d'entretien
- l'inflation (bonne pour la valeur de votre maison, mais un problème si vous avez un revenu de retraite fixe)
- le ratio coût/avantages : pourriez-vous mettre cet argent dans un placement qui vous rapporterait davantage?

L'achat ou le contrat de location

Vous pouvez louer un bien à bail au lieu de l'acheter. Il suffit d'une petite mise de fonds au départ et vous êtes quitte à la fin. Cela paraît idéal pour une voiture, n'est-ce pas? Mais pensez-y à deux fois. La location à bail était autrefois prônée, parfois à l'excès, à cause de ses avantages fiscaux et de sa supériorité financière supposée. Pour la plupart des gens, les déductions d'impôt, quand elles existent, ne représentent plus grand-chose. Revenu Canada qui, en 1991, mettait les baux automobiles sur un pied d'égalité avec les prêts traditionnels, a réduit radicalement le montant limite sur les voitures louées. Tout avantage fiscal disparaît si vous voulez devenir propriétaire du véhicule au terme du bail — ce qui est généralement le cas. C'est la même chose pour la faible valeur du bien sur laquelle est basé le bail. L'avantage ne vaut que si vous décidez de ne pas acheter le bien. Pensez à ce que seront vos dépenses à la retraite. Serez-vous vraiment prêt à dépenser de l'argent sur une location à bail? Ou auriez-vous avantage à acheter maintenant pour ne pas avoir à payer plus tard? Surtout, ne laissez pas la possibilité de location vous tenter au-delà de vos moyens. Les autres avantages de la location sont également sujets à caution. La location à bail a fait l'objet d'une publicité extravagante — et c'est sans doute de cela que vous vous souvenez — mais c'était à une époque où les entreprises de location ne divulguaient pas toutes leurs informations. Obligées à la divulgation par la loi en Colombie-Britannique et dans d'autres provinces, elles ont dû réduire leurs prétentions. Les taux intérêt peuvent être plus faibles qu'ailleurs mais n'y comptez pas trop. On trouve maintenant des logiciels sur la location à bail qui permettent de faire les mêmes calculs que les sociétés et de comparer la location à bail avec d'autres moyens de financement.

La location à bail a un avantage majeur pour les propriétaires d'entreprise. Si on loue un bien, on peut passer en charges les coûts d'acquisition dans les livres de la société à mesure que l'on fait les paiements. Si vous achetez le bien, vous êtes tenu de le déprécier conformément aux règles qui régissent les déductions pour amortissement. Prenez l'exemple d'une voiture de 30 000 dollars qui est louée pour 400 dollars par mois. Si vous achetez la voiture, vous pouvez défalquer 15 pour 100 du prix la première année. Vous avez payé 30 000 dollars, mais vous ne pouvez en déduire que 4 500 dollars l'année de l'achat. Si vous louez la voiture à bail, vous pourrez déduire la totalité des 4 800 dollars que vous avez versés en paiements.

Réfléchissez avant de signer un contrat de location

La location à bail vous laisse sans rien à la fin sinon une option d'achat. Si vous n'achetez pas, vous avez perdu un bien. Par ailleurs, il se peut que vous deviez assumer des frais de réparation pour amener le véhicule à la valeur de fin de bail projetée par l'entreprise de location, ainsi que des frais de distance si vous avez trop de kilomètres au compteur. Votre paiement de location mensuel sera basé sur ce qui suit :

- le prix de l'article
- le taux d'intérêt demandé par la société de location
- la valeur de revente anticipée (la valeur résiduelle) de l'article à la fin du contrat
- la durée de la location (généralement deux à quatre ans)
- la mise de fonds (le cas échéant)

La location à bail présente certains avantages :

- La mise de fonds initiale (quand elle est exigée) est minime.
- Les paiements de location mensuels sont souvent inférieurs au remboursement de la dette si vous avez acheté le bien avec un prêt bancaire.

- Il est souvent plus facile de se faire approuver pour un contrat de location que pour un prêt bancaire.
- Le contrat de location présente des avantages sur le plan des liquidités.

La location à bail a aussi des inconvénients :

- À la fin du contrat, vous n'avez rien acquis — vous n'avez pas ajouté à vos biens.
- Si vous voulez que les paiements mensuels ne soient pas trop élevés, vous devrez peut-être verser une mise de fonds initiale.
- Pour réduire vos paiements mensuels, vous serez peut-être obligé d'accepter une valeur résiduelle plus élevée à la fin du contrat. Si vous voulez acheter l'article à la fin du contrat, vous devrez assumer ce montant. Si vous n'achetez pas, faites des vœux pour que quelqu'un accepte de le payer, faute de quoi l'écart peut vous être imputé.
- Si l'entreprise de location vend le bien pour un prix supérieur à la valeur résiduelle quand elle vendra le bien, vous n'en tirerez personnellement aucun profit.

À mesure que vous vous rapprochez de la retraite, les inconvénients de la location à bail l'emporteront de plus en plus sur ses avantages.

De quel type de prêt avez-vous besoin?

Avant de faire un emprunt pour financer un achat majeur, réfléchissez aux options qui s'offrent à vous.

Les prêts à tempérament à taux fixe et à taux variable

Les deux de types de prêt les plus courants sont les prêts à taux fixe et à taux variable. Dans le cas des prêts à taux fixe, la durée et le taux d'intérêt du prêt sont fixés au moment de l'emprunt et ne varient pas. Les paiements mensuels sont une combinaison du capital et de l'intérêt et, comme ils ne changent pas, vous savez toujours à quoi vous attendre. Par contre, un prêt à taux variable reflète le mouvement des taux d'intérêt. Un prêt à intérêt variable est fixé à un pourcentage donné au-dessus du taux préférentiel, et l'intérêt payé fluctue en fonction du changement de ce dernier. Vous rembourserez le même capital tous les mois, mais l'intérêt variera. Avec un prêt à intérêt variable, vous économiserez si les taux d'intérêt baissent, mais il vous faudra plus longtemps pour rembourser votre prêt si les taux d'intérêt augmentent.

Les prêts à vue

Les prêts à vue sont risqués. Dans ce cas, le prêteur fixe habituellement un calendrier de remboursement qui couvre la durée du prêt, mais il peut aussi exiger que l'argent soit remboursé en totalité à tout moment. C'est ce qu'on entend par «appeler au remboursement». Un appel au remboursement sans préavis peut avoir des conséquences catastrophiques sur vos finances. Les institutions financières offrent couramment des prêts à vue aux petites entreprises. Alors, attention!

Les marges de crédit

La marge de crédit personnelle est le type le plus courant et le plus pratique de prêt à intérêt variable. Une fois que la marge de crédit a été approuvée, on peut y accéder à tout moment, jusqu'à la limite prescrite, avec des chèques spéciaux ou une carte de crédit. Les marges de crédit commencent habituellement aux environs de 5 000 dollars. Beaucoup de gens utilisent leur marge de crédit pour les achats coûteux comme les rénovations, les vacances, l'équipement informatique ou les placements. Les conditions de remboursement sont fixées à l'avance, et les taux d'intérêt peuvent être moins élevés que ceux du solde non payé des cartes de crédit.

Il existe deux types de marge de crédit : les marges garanties et les marges non garanties. Une marge de crédit garantie, une deuxième hypothèque, par exemple, est basée sur un bien offert en garantie et s'accompagne habituellement d'un taux d'intérêt inférieur. Une marge de crédit non garantie n'est pas cautionnée par un bien, et le taux d'intérêt est généralement plus élevé.

Résumé

Vous ferez des dettes toute votre vie, que ce soit pour des achats importants ou pour vos dépenses mensuelles régulières. Personne ne vit sans dettes. Mais il y a une bonne et une mauvaise façon d'accumuler des dettes. Si vous jouez bien vos cartes et que vous gérez vos dettes comme il faut, vous pourrez continuer à acheter des biens qui augmenteront votre valeur nette (et dont la possession n'aura rien de désagréable) sans pour autant tomber dans le rouge.

EN BREF

1. **Remboursez vos mauvaises dettes.**
2. **Financez vos achats avec des prêts à intérêt le plus faible possible.**
3. **Pour la plupart des gens, c'est la marge de crédit garantie qui est le type de prêt à plus faible intérêt.**

CHAPITRE 10

La planification financière familiale

Georges et Suzanne n'aiment pas l'idée de faire un testament pour décider qui recevra quoi quand ils mourront. Ils n'avaient jamais pensé, de toute façon, qu'ils avaient beaucoup à offrir dans un testament jusqu'à ce qu'ils calculent leur valeur nette et regardent les chiffres en face. Et quand, récemment, le frère de Georges a eu une crise cardiaque (ce dont sont morts son père et son oncle), ils ont compris qu'il était grand temps de faire leurs testaments. Leurs enfants les ont clairement informés qu'ils n'avaient pas l'intention de reprendre la librairie s'ils venaient à mourir, mais, à part ça, la famille n'a jamais discuté de l'avenir. Même s'ils n'ont pas particulièrement envie de parler de la mort entre eux et avec leurs enfants, ils savent que, s'ils le font, ils pourront envisager l'avenir avec optimisme.

Votre situation a-t-elle changé?

La dernière fois que vous avez sérieusement réfléchi à votre situation et à la façon dont elle évoluait est sans doute quand vous avez décidé de vivre à deux. Ou quand vous avez mis la première couche à votre bébé.

Mais beaucoup d'eau a coulé sous les ponts depuis. Maintenant, vous avez peut-être eu d'autres enfants ou bien vous vivez de nouveau seul, ou vous vous êtes remarié. Peut-être que vous vous occupez de vos parents vieillissants et que vous commencez à vous demander si vos enfants feront la même chose pour vous. Ou bien vous pensez sérieusement à prendre votre retraite, soit seul, soit avec votre conjoint. Si vous avez déménagé, hérité d'un autre bien, perdu ce bien lorsque vous avez divorcé ou fusionné des biens à l'issue d'un remariage, les changements de vos éléments d'actif et de vos responsabilités familiales (c'est-à-dire de vos dépenses) auront d'énormes conséquences sur la façon dont vous devrez gérer vos finances. Bien que chaque situation familiale soit unique, le présent chapitre couvre certains des changements les plus courants dans la vie de chacun et propose des moyens pour y faire face.

À toi ou à nous?

Que vous en soyez à votre premier ou à votre deuxième mariage, réfléchissez aux conséquences financières de votre vie en couple. Êtes-vous tous les deux satisfaits de la façon dont vous divisez les dépenses et les éléments d'actif, ou l'un de vous porte-t-il une trop lourde part du

MARIAGE SIGNIFIE RÉÉVALUATION

Si vous vous mariez, que vous vous remariez ou que vous commencez à vivre avec quelqu'un, il est important que les choses soient claires entre vous. Vous devriez définir ce qui vous appartient, à vous et à votre partenaire, conjointement et séparément. Vous trouverez ci-dessous certaines suggestions pour réussir votre vie financière ensemble.

- Rédigez une convention de conjoints de fait. (Consultez un avocat ou notaire si vous pensez que c'est préférable.)
- Rédigez un nouveau testament.
- Parlez honnêtement de vos dettes et de vos responsabilités financières. Cela comprend les pensions alimentaires pour conjoint ou pour enfants associées à des mariages passés.
- Discutez du mode de vie que vous désirez l'un et l'autre (quelle est votre définition du luxe?).

fardeau? Si vous versez une pension alimentaire à un ex-conjoint, vous ne pouvez sans doute pas vous permettre d'assumer la moitié des dépenses. Mais si votre entreprise prend enfin son envol, le moment est peut-être venu de proposer d'en payer plus de la moitié. Par contre, si votre affaire traverse un moment difficile, vous pouvez demander à votre conjoint d'assumer temporairement la moitié qui vous revient.

LES INCONTOURNABLES DE LA VIE

Vous avez sans doute de bonnes raisons de faire de votre conjoint le bénéficiaire de votre REER, mais n'agissez pas sans consulter votre conseiller car cela peut entraîner d'autres coûts. Quand vous mourrez, votre conjoint pourra transférer les fonds dans son REER avec report d'impôt. Si vous laissez votre REER à vos enfants, à vos parents ou à une autre personne, la valeur du REER sera probablement imposée à votre nom l'année de votre décès. Mais ce ne sera pas le cas si vous n'avez pas de conjoint et que l'argent va à des enfants ou à des petits-enfants qui sont financièrement à votre charge. Renseignez-vous auprès de votre notaire ou de votre avocat sur ce qui arrivera à votre plan successoral si vous ne nommez pas votre conjoint comme le bénéficiaire d'un REER, d'un FERR ou d'une police d'assurance-vie.

Les retombées financières d'un divorce

Un divorce est une chose pénible, affectivement et financièrement, et il est essentiel de consulter un spécialiste. Appelez un avocat en droit familial, votre conseiller financier et, peut-être, un conseiller fiscal, et appuyez-vous sur votre famille et sur vos amis. Si vous êtes bien entouré, vous traverserez mieux cette période difficile. Lorsque vous partagerez les biens acquis pendant le mariage, demandez conseil à un avocat indépendant — ne laissez pas les conseillers financiers de votre conjoint vous expliquer ce qui vous revient. Les biens peuvent vous revenir sous différentes formes :

- Vous pourriez recevoir le logement familial.
- Vous pourriez recevoir un paiement forfaitaire ou d'autres biens en règlement de ce qui vous revient.
- Vous pourriez avoir droit à une part du RPC/RRQ ou du régime de retraite auquel votre conjoint a cotisé au travail pendant le mariage.

- Vous pourrez peut-être partager les fonds accumulés dans le REER de votre conjoint. Le montant auquel vous avez droit dépendra des lois sur le patrimoine familial de la province où vous habitez, mais vous pourrez peut-être partager de façon égale le revenu accumulé. Vous pourrez alors procéder à un transfert : le divorce est l'un des rares cas où le transfert d'un REER à un autre est autorisé. N'oubliez pas qu'un REER entraîne des charges fiscales futures (c.-à-d. qu'un dollar dans un REER a une valeur inférieure à un dollar dans un élément d'actif après impôt).

La pension alimentaire à l'intention du conjoint

Les hommes comme les femmes peuvent faire une demande de pension alimentaire. La Loi sur le divorce du Canada assigne quatre objectifs à la pension alimentaire à l'intention du conjoint :

- Reconnaître les avantages ou les inconvénients économiques qui découlent du mariage ou de sa rupture;
- Répartir les conséquences économiques qui découlent du soin des enfants à charge;
- Remédier à toute difficulté économique causée par la rupture du mariage;
- Favoriser l'indépendance économique.

Les tribunaux ont davantage tendance à ordonner qu'un soutien permanent soit versé au conjoint qui est resté à la maison pendant le mariage, mais le niveau de soutien est habituellement assez faible. Certains tribunaux reconnaissent effectivement que les contributions au mariage du conjoint qui est resté à la maison — et qui ne sont pas nécessairement d'ordre financier — peuvent avoir des effets pour la vie sur sa capacité de gains.

La pension alimentaire à l'intention des enfants

Les gouvernements fédéral et provinciaux ont récemment adopté des mesures visant à améliorer le niveau de soutien alimentaire aux enfants et à veiller à ce qu'il soit payé. Les nouveaux règlements stipulent que les parents qui prennent trop de retard dans leurs paiements pourraient perdre leur passeport. Si un parent ne s'acquitte pas de ses obligations alimentaires, Revenu Canada ouvrira ses banques de données pour permettre aux organismes provinciaux chargés de l'exécution de la loi d'identifier

SI VOUS AVEZ TOUJOURS DES ENFANTS À VOTRE CHARGE

Lorsque vous faites votre évaluation annuelle, si vous êtes divorcé, assurez-vous d'inclure les pensions alimentaires pour votre ex-conjoint et les enfants dans votre nouveau budget. Voyez cela comme une protection pour vos enfants et non comme une préparation au pire.

l'employeur des mauvais payeurs et de saisir leur salaire. Certaines provinces imposent davantage de règlements que d'autres, alors renseignez-vous sur vos droits si votre conjoint est un mauvais payeur. Depuis le 1er mai 1997, les paiements de soutien aux enfants ne sont pas déductibles du revenu imposable de la personne qui les verse et ils ne sont pas imposables pour le parent qui les reçoit.

L'éducation des enfants

Si vous avez eu des enfants sur le tard, peut-être vous demandez-vous comment mettre de l'argent de côté pour leur éducation tout en vous préparant à la retraite. Vous connaissez sans doute des gens qui n'ont pas pu réaliser leurs rêves d'études à l'université ou au collège faute d'argent, et c'est le type de frustration que vous voulez éviter à vos enfants. Comme pour votre propre régime d'épargne-retraite, vous pouvez profiter du pouvoir des intérêts composés. L'argent que vous économiserez tous les mois finira par fructifier suffisamment pour financer le coût élevé de l'éducation des enfants. Il suffit de 100 dollars, investis chaque mois à 8 pour 100 (les intérêts étant composés mensuellement), pour se retrouver avec 40 000 dollars (avant impôt) au bout de 15 ans. Ce sera peut-être encore suffisant pour payer ce qu'il en coûtera pour obtenir un diplôme ordinaire de premier cycle dans une université canadienne, même si l'on tient compte de l'inflation et des impôts.

Les prestations fiscales pour enfants
Si vous recevez des prestations fiscales tous les mois pour vos enfants, vous pourriez vous en servir pour prévoir leur éducation. Revenu Canada détermine votre admissibilité et le montant des prestations en fonction de votre revenu, de l'âge de votre enfant et du nombre d'enfants que vous avez. Si vous déposez ces prestations dans un compte au nom de votre enfant, le revenu produit sera imposé comme revenu de l'enfant.

Le régime enregistré d'épargne-études (REEE) et la Subvention canadienne pour l'épargne-études

Beaucoup de gens utilisent les REEE pour mettre de l'argent de côté en vue des études supérieures de leurs enfants. Vous pourrez choisir entre plusieurs types de régime qui placeront votre argent de différentes façons, notamment dans des prêts hypothécaires et des dépôts assurés, suivant les modalités du régime. Pour constituer un REEE, il faut y cotiser et nommer un bénéficiaire. Bien que les cotisations ne soient pas déductibles, le revenu s'accumule sans impôt jusqu'à ce qu'il soit utilisé. Lorsque l'enfant entrera à l'université, il pourra toucher des prestations du régime. Une fois les revenus versés, ils seront imposables comme revenu de l'étudiant bénéficiaire. Le capital pourra être retourné au cotisant ou payé au bénéficiaire. Dans les deux cas, le remboursement du capital est exempté d'impôt.

En 1998, le budget fédéral a proposé que, si le bénéficiaire désigné n'a pas entamé d'études postsecondaires à l'âge de 21 ans, un montant pouvant aller jusqu'à 50 000 dollars du revenu du régime auquel vous avez cotisé pendant au moins 10 ans peut être transféré dans votre REER, à condition que le montant ne dépasse pas votre limite de cotisation à un REER. Vous pourrez aussi ajouter ce revenu au vôtre, mais, dans ce cas, il sera assujetti à l'impôt, et vous devrez payer une pénalité de 20 pour 100. Plus important encore, le gouvernement fédéral a annoncé dans son budget de 1998 qu'il versera une Subvention canadienne pour l'épargne-études afin d'inciter les intéressés à épargner par le truchement des REEE. Renseignez-vous auprès de votre conseiller financier sur ce programme quand il entrera en vigueur.

Les fiducies en vue de l'éducation de vos enfants

Plutôt qu'un REEE, vous pourriez envisager d'établir une fiducie au moyen d'un contrat de fiducie officiel pour financer l'éducation de vos enfants. La fiducie peut présenter des avantages sur le plan du partage du revenu, mais requiert que l'on se renseigne et que l'on planifie ses impôts.

La prise en charge de parents vieillissants

Il peut s'avérer lourd, affectivement et financièrement, d'avoir des parents vieillissants à charge, surtout si l'on doit encore s'occuper de ses propres enfants. Avant qu'il ne soit trop tard, réunissez-vous avec vos frères et sœurs, votre conjoint et vos parents pour discuter du type d'aide financière ou de soins dont vos parents peuvent avoir besoin. Est-ce qu'ils seront en mesure d'assumer leurs dépenses ou est-ce qu'ils comptent sur vous? Avez-vous prévu ces dépenses ou faudra-t-il que vous hypothéquiez votre retraite pour financer la leur? Voici quelques points dont vous devriez discuter :

- Qui a la procuration ou le mandat en cas d'inaptitude? (Le chapitre suivant donne davantage d'explications sur la signification juridique des procurations et des mandats.)
- En cas de maladie, qui sera le principal fournisseur de soins?
- Quelle assurance couvrira le traitement médical?
- Combien d'argent vos parents doivent-ils mettre de côté pour payer les soins dont ils peuvent avoir besoin? S'attendent-ils à ce que leurs enfants les aident? Trop d'enfants ne sont pas suffisamment au courant des finances de leurs parents quand ils commencent à s'occuper d'eux.
- Peuvent-ils assumer les types de soins dont ils peuvent avoir besoin?

C'est un sujet complexe qui peut soulever des questions délicates. Mais, si l'on n'en parle pas, on ne fait que s'exposer au pire en tentant d'éviter l'inévitable. Si vous savez ce que vos parents veulent avant qu'ils n'en aient besoin, les décisions seront plus faciles à prendre pour toute la famille. Nous poursuivrons cette question dans un contexte juridique au chapitre suivant.

Résumé

Une famille est un système micro-économique qui doit être géré de façon judicieuse. Lorsque vous avez démarré votre entreprise, vous avez rédigé un plan d'affaires. Lorsque vous planifierez votre avenir, veillez à tenir compte des différentes étapes que traversent les différents membres de votre famille.

EN BREF

1. **Mariage (ou divorce) signifie réévaluation : dressez un plan financier qui satisfasse les deux partenaires.**

2. **Si vous trouvez des moyens de payer les études de vos enfants, vous leur donnerez une coudée d'avance sur le plan financier.**

3. **Soyez prêts financièrement à vous occuper de vos parents ou de vos beaux-parents vieillissants.**

SI L'ON SE MARIE DANS LA BELLE PROVINCE

Au Québec, le mariage emporte la constitution d'un patrimoine familial formé de certains biens des conjoints sans égard à celui des deux qui détient un droit de propriété sur ces biens. Le patrimoine familial est constitué des biens suivants :

1. Les résidences de la famille ou les droits qui en confèrent l'usage;
2. Les meubles qui les garnissent ou les ornent et qui servent à l'usage du ménage;
3. Les véhicules automobiles utilisés pour les déplacements de la famille;
4. Les droits accumulés durant le mariage au titre d'un régime de retraite (y compris le RRQ et le RPC).

En cas de séparation de corps, de dissolution ou de nullité du mariage, la valeur du patrimoine familial des conjoints, déduction faite des dettes contractées pour l'acquisition, l'amélioration, l'entretien ou la conservation des biens qui le constituent, est divisée à parts égales entre les conjoints. Toute personne qui réside au Québec est assujettie à ces règlements indépendamment des dispositions de son contrat de mariage, à moins que la date de son mariage ne soit antérieure au 1er juillet 1989 et que la séparation ne soit déclarée par acte notarié avant le 31 décembre 1990.

En outre, la Cour, en déclarant la séparation de corps, la dissolution ou la nullité du mariage, peut ordonner à l'un ou à l'autre conjoint de verser à l'autre, à titre de compensation pour la contribution de ce dernier, en biens ou en services, à l'enrichissement du patrimoine du premier, une indemnité payable comptant ou en plusieurs versements.

CHAPITRE 11

On n'emporte rien avec soi

Les impôts en cas de décès

Pourquoi prenons-nous si peu de temps pour nous préparer aux incontournables de l'existence? Si vous n'êtes pas en règle avec vos impôts, vous aurez des ennuis avec le gouvernement. Mais, en ce qui concerne le grand départ, la planification dépend entièrement de vous.

Peut-être pensez-vous que la mort est la dernière chose qui devrait vous inquiéter. Vous ne serez plus là, alors pourquoi vous tracasser? Mais votre famille, elle, sera toujours en vie. En établissant un solide plan successoral, vous assurerez la sécurité des gens que vous aimez et que vous laisserez derrière vous.

Vous aurez aussi l'esprit tranquille, car vous saurez que votre volonté sera respectée. Un plan successoral garantira que vos biens iront où vous voulez. S'il est bien rédigé, vous pourrez transférer et préserver votre patrimoine de façon efficace et ordonnée. Cela permettra également d'éviter des impôts, des retards et des conflits familiaux inutiles.

Réduisez au minimum

Pour maximiser la valeur de votre succession et vous assurer que vos héritiers recevront ce dont ils ont besoin, vos objectifs sont les suivants :

- Réduire au minimum le montant des impôts que vos héritiers devront payer sur la succession.
- Réduire au minimum le choc et les difficultés pour vos héritiers qui devront s'occuper de vos affaires alors qu'ils seront frappés par le chagrin.

Votre plan d'action

- Décidez comment vous voulez que votre patrimoine soit distribué lors de votre décès.
- Calculez le montant nécessaire pour subvenir aux besoins des personnes à votre charge et de ceux qui vous survivront ainsi que pour couvrir le coût des funérailles.
- Consultez votre conseiller financier pour déterminer si vous avez besoin d'une assurance.
- Demandez à votre notaire de vous préparer un testament pour distribuer votre actif de succession.

Ce dont vous avez besoin pour planifier votre succession

- un plan financier
- un testament
- un liquidateur
- une procuration ou un mandat en cas d'inaptitude
- un tuteur (si vous avez encore des enfants d'âge mineur)

Le petit entrepreneur et la planification successorale

Le destin de votre entreprise est une composante majeure de la planification de votre succession. Ce serait une grave erreur de ne pas prendre de dispositions concernant l'avenir de votre entreprise quand vous viendrez à disparaître et cela pourrait causer un stress inutile à votre famille comme à vos associés. C'est le type d'entreprise que vous administrez qui déterminera comment vous préparer.

L'entreprise individuelle

Si vous n'avez pas pris de dispositions concernant la reprise de votre entreprise par un membre de votre famille ou un employé, elle sera liquidée quand vous mourrez. Les entreprises individuelles meurent en même temps que leur propriétaire, mais certains de vos biens peuvent avoir de la valeur, votre liste de clients, par exemple. C'est peut-être ce que vous souhaitez. Comme l'entreprise, les biens personnels et les dettes sont fusionnés au décès, les biens commerciaux doivent être liquidés pour régler la succession s'il y a des dettes à payer. Il est évident que vous voudrez éviter une liquidation forcée. Pour ce faire, il est essentiel que votre testament exprime clairement votre volonté. La clé est la communication. Si vous souhaitez laisser vos biens d'entreprise à un membre de votre famille ou à un employé, le mécanisme et le financement du transfert devront être explicitement établis avant votre mort.

La liquidation de votre entreprise peut donner lieu à des gains en capital imposables et à la récupération de l'amortissement des biens immobilisés.

Le produit de la vente de votre entreprise peut faire partie de votre legs à vos héritiers. Dans ce cas, un liquidateur doit disposer des biens de l'entreprise et est autorisé à les vendre dans le cadre d'une vente publique ou privée, à fixer non seulement le prix, mais le moment et la méthode des paiements, à évaluer le montant de la garantie exigée et à traiter avec les membres de la famille pour organiser la vente. Un testament bien rédigé dégage le liquidateur de toute responsabilité personnelle, quelles que soient les décisions prises, à condition qu'elles soient raisonnables.

La société de personnes

S'il s'agit d'une véritable société de personnes (et non de gens qui partagent simplement un bureau), le décès de l'un des associés peut donner lieu à des négociations délicates. Là encore, la clé est de planifier à l'avance. Les sociétés de personnes peuvent cesser d'exister par suite de maladie, de départ à la retraite ou de décès, mais il est presque toujours dans l'intérêt des associés survivants de continuer. Pour disposer de la part de l'un des associés dans l'affaire, il faut trouver un acheteur qualifié, et les acheteurs les plus qualifiés sont fréquemment les associés restants. Le rachat par un associé est souvent prévu dans un «contrat d'association» appuyé par une assurance-vie, lequel est structuré de façon à fournir un revenu à la famille du défunt. Le prix d'achat doit tenir compte de la valeur d'un certain nombre de biens incorporels, comme l'achalandage représenté par la clientèle de l'associé défunt et le travail en cours, et cela fait habituellement l'objet d'un accord à l'avance dans le contrat.

La vente de la part d'un associé peut produire des gains en capital imposables.

Les sociétés par actions

Les actionnaires d'une société par actions devraient consulter un conseiller professionnel sur la nécessité de conclure une convention de rachat des parts d'associés en cas de décès, et sur les répercussions fiscales possibles sur leur succession de chacun s'ils venaient à mourir et que leurs actions soient l'objet d'une cession réputée.

Les éléments à prendre en considération par les petits propriétaires

On a vu au chapitre 5 que vous pouviez souscrire une assurance-rachat des parts d'associés — un élément important de la protection de vos intérêts s'il y a plus d'un décideur dans votre entreprise. Une autre question qui intéresse particulièrement les propriétaires d'une petite entreprise concerne la cession réputée des biens en immobilisation à leur juste valeur marchande en cas de décès. Cela peut donner lieu à des gains en capital imposables et à la récupération de l'amortissement des biens immobilisés qui deviennent imposables dans la déclaration de revenus pour l'année du décès du défunt. Cette disposition s'applique dans les deux situations suivantes :

- Les actions d'une entreprise constituée en société;
- Les biens en immobilisation possédés par le propriétaire de l'entreprise si celle-ci n'est pas constituée en société (sauf si les biens en immobilisation sont transférés au conjoint en cas de décès. Une autre exception s'applique aux exploitations agricoles qui, dans certains cas, peuvent être transférées avec report d'imposition aux enfants, petits-enfants ou arrière-petits enfants du défunt.)

Dans certaines circonstances, une exonération de gains en capital peut permettre d'exempter des impôts jusqu'à 500 000 dollars du profit gagné sur la vente des actions d'une petite entreprise constituée en société ou d'une exploitation agricole admissible. Les règles qui permettent de décider si l'actif est admissible sont complexes, et il faut consulter un conseiller fiscal à ce sujet.

Le gel successoral

Votre conseiller fiscal pourra aussi vous dire si vous devriez envisager un gel successoral. L'objectif d'un gel successoral est de réorganiser votre patrimoine de façon que la plus-value ultérieure de vos biens en immobilisation s'accumule au profit de vos héritiers — ce qui immobilise ou gèle la valeur de votre participation aux fins d'impôt. C'est un sujet complexe, il est donc recommandé de consulter un conseiller fiscal.

Le testament

Un testament est un document juridique qui stipule comment vous voulez que vos biens soient distribués après votre mort. La rédaction d'un testament est comme un nettoyage de printemps qui vous donne l'occasion de voir ce que vous possédez réellement. Le testament désigne également un liquidateur (ou exécuteur testamentaire) — c'est-à-dire la personne ou la société (au cas où une société de fiducie agit à titre de liquidateur) qui administrera votre succession, distribuera vos biens et vendra votre entreprise, si nécessaire. Si vous n'avez pas de testament, c'est la loi provinciale plutôt que votre volonté qui déterminera comment vos biens seront distribués et qui pourvoira à la vente des biens de votre entreprise. Et si vous n'avez pas de famille, c'est le gouvernement qui prendra tout. Du fait de la complexité du droit des entreprises, il est important de demander l'aide d'un avocat ou d'un notaire pour rédiger son testament. Les choses sont nettement plus compliquées si l'on est propriétaire d'une entreprise que si l'on ne possède que des liquidités ou une collection de pièces de monnaie. On peut rédiger son testament soi-même, mais le risque est qu'il peut être jugé invalide ou ne pas énoncer correctement votre volonté quant à la façon dont vous voulez disposer de vos biens. Votre testament devrait comprendre ce qui suit :

- le nom du liquidateur et une description de ses pouvoirs;
- une liste des bénéficiaires et de tout legs particulier;
- les conditions de la fiducie à établir, le cas échéant.

Au Québec, un testament notarié élimine la nécessité de faire homologuer le testament et le risque de divulgation publique des biens du défunt.

Revoyez votre testament tous les ans pour l'adapter aux changements de votre existence. Tout changement important, financier ou personnel, peut nécessiter des modifications à votre testament.tout testament.

Que se passera-t-il si votre entreprise grandit et que vous prenez un associé? Passez votre testament en revue tous les ans pour vous assurer qu'il est à jour.

QUI PEUT VOUS AIDER?

Vous pouvez demander à plusieurs professionnels de vous aider à rédiger votre testament :

- votre avocat ou votre notaire
- votre comptable
- votre conseiller financier
- une société de fiducie (qui peut travailler avec votre notaire ou vous en recommander un)

Les procurations ou les mandats en cas d'inaptitude

Vous devez aussi vous assurer que quelqu'un est habilité à veiller à vos intérêts au cas où vous perdriez la capacité de gérer vos propres affaires. C'est ce qu'on appelle donner une procuration ou un mandat en cas d'inaptitude. Si vous ne nommez pas quelqu'un à l'avance, la désignation, le cas échéant, devra faire l'objet d'une demande en cour.

La personne que vous désignez est habilitée à agir en votre nom pour tout ce qui concerne vos affaires financières, à signer vos documents juridiques et, dans certaines provinces, à prendre des décisions pour vous en matière de santé. Comme il faut quelqu'un qui soit digne de confiance, compétent, objectif et au courant de la situation financière de la personne en état d'incapacité, la plupart des gens choisissent leur conjoint.

Il est recommandé d'opter pour la procuration ou le mandat en cas d'inaptitude permanent. Cela permettra à la personne que vous désignez d'agir en votre nom si vous êtes frappé d'incapacité mentale. Une procuration ou un mandat permanent restera en vigueur jusqu'à votre mort. Le contrôle de votre succession passera alors au liquidateur désigné dans votre testament.

Que se passera-t-il si vous n'avez pas de testament?

Si vous mourez sans testament, c'est la loi provinciale qui dictera comment votre actif sera distribué, ce qui risque de ne pas être conforme à votre volonté. Dans la plupart des provinces, la majorité de l'actif va au conjoint, les enfants recevant un pourcentage de la succession. Au Québec, si vous n'avez pas d'enfants ni de petits-enfants, d'autres membres de la famille immédiate peuvent avoir le droit de partager vos biens avec votre conjoint survivant.

La nomination d'un tuteur pour les enfants d'âge mineur

Le choix d'un tuteur pour élever les enfants en cas de décès des deux parents est une décision utile mais difficile. Après tout, vous ne choisissez pas seulement une personne; vous choisissez aussi la famille immédiate de cette personne. Lorsque vous tenterez de décider qui pourrait être un bon tuteur, réfléchissez aux questions suivantes :

- Cette personne sera-t-elle en mesure de s'occuper des enfants jusqu'à ce qu'ils atteignent l'âge de 18 ans (au strict minimum)?
- Cette personne partage-t-elle vos valeurs et vos objectifs en ce qui concerne vos enfants?
- Cette personne acceptera-t-elle cette responsabilité?
- Cette personne entretient-elle de bons rapports avec vos enfants?
- Vous sentez-vous à l'aise avec la famille immédiate de cette personne?
- Avez-vous besoin de prévoir dans votre testament une fiducie pour vos enfants qui sera financée par l'assurance-vie payable à votre succession?

CONSEIL UTILE

Pour protéger des enfants mineurs, vous pouvez confier leur héritage à une fiducie. Si les habitudes de dépenses de vos héritiers vous inquiètent, vous pouvez faire en sorte que votre héritage leur soit versé en paiements échelonnés.

Les fiducies testamentaires

Les fiducies représentent une autre formule pour voir à l'administration de son actif après sa mort. Elles s'accompagnent d'avantages et de fardeaux fiscaux qui varient en fonction de chaque situation. Il faut consulter un notaire ou un avocat et prévoir dans son testament le transfert de l'actif à une fiducie testamentaire. L'actif est alors administré par un «fiduciaire» qui est chargé de veiller au respect des conditions de la fiducie. Il y a de nombreuses façons d'utiliser les fiducies pour le bénéfice des héritiers aussi bien mineurs qu'adultes.

Comment choisir un fiduciaire

Si vous voulez confier votre patrimoine à un fiduciaire quand vous mourrez, vous devez inclure une disposition à cet effet dans votre testament. Il y a deux types de fiduciaires : les fiduciaires constitués en société, comme les sociétés de fiducie; et les fiduciaires individuels, comme un membre de la famille, un avocat, un notaire ou un ami. La fonction de fiduciaire s'accompagne de lourdes responsabilités. On peut nommer un membre de sa famille ou choisir une société.

Faites un plan successoral

En l'absence d'un plan financier, vous ne saurez même pas ce qui restera pour vos héritiers. Pour rédiger votre plan successoral :

1. Calculez la valeur de votre patrimoine. Examinez l'état de votre valeur nette préparé au chapitre 2. Vos éléments d'actif devraient comprendre tout montant versé à votre mort par le régime de retraite de votre entreprise, le RPC/RRQ et l'assurance-vie.

2. Prévoyez les dettes à assumer par vos héritiers :
   - **Les frais de funérailles** (on peut les payer à l'avance en déposant l'argent auprès d'un fiduciaire où il pourra accumuler des intérêts).
   - **Les droits à payer à l'administrateur ou au liquidateur** (3 à 5 pour 100 de la valeur de la succession).
   - **Les frais juridiques** (ils devraient être inférieurs à 2 pour 100 de la valeur de la succession).
   - **Les frais d'homologation.** Il s'agit de droits de greffe qui varient d'une province à l'autre, mais qui sont habituellement basés sur la

valeur de la succession. Au Québec, les frais d'homologation sont actuellement fixés à 66 dollars pour les individus et à 80 dollars dans tous les autres cas si le testament n'a pas été dressé devant un notaire.

- **Les droits versés à une société de fiducie.**
- **Les impôts.** Les impôts sur les gains en capital ne s'appliquent pas aux éléments d'actif qui sont transférés au conjoint survivant, mais tout le reste est réputé être vendu à la date du décès. Les trois quarts de vos gains en capital sont imposables dans l'année du décès. L'exonération fiscale pour la résidence principale est toujours en vigueur, et des dispositions spéciales s'appliquent à certaines exploitations agricoles et à certaines actions de sociétés privées sous contrôle canadien.

3. Soustrayez vos coûts de la valeur de votre succession pour calculer ce que vous laisserez à vos bénéficiaires.

Résumé

Si vous voulez que votre patrimoine soit distribué sans problème après votre mort, il faut vous préparer dès maintenant. Une fois que vous aurez rédigé votre plan, revoyez-le tous les ans. Vous aimez les personnes que vous laisserez derrière vous. Alors, occupez-vous activement de votre succession pour veiller à ce que vos intentions deviennent des réalités.

LISTE DE CONTRÔLE POUR ASSURER SA SUCCESSION

✔ Rédigez un testament.

✔ Revoyez-le régulièrement.

✔ Mettez-le à jour en fonction de l'évolution de votre situation et adressez-vous à un spécialiste, le cas échéant.

✔ Tenez-vous au courant des changements législatifs.

✔ Discutez avec votre famille et vos employés de ce qui arrivera à votre entreprise.

✔ Rédigez un plan financier pour protéger les biens qui constitueront votre succession.

EN BREF

1. Revoyez régulièrement votre plan successoral et discutez avec votre famille et vos employés de l'avenir de votre entreprise.

2. Réévaluez votre testament tous les trois à cinq ans.

CHAPITRE 12

Une vie en or

Préparez-vous à profiter du reste de votre vie. Maintenant que vous êtes parvenu à la fin de ce livre, vous avez compris que la planification financière n'est pas une entreprise aussi terrifiante que vous le pensiez. Et que vous pouvez équilibrer votre vie professionnelle et votre vie personnelle sans compromettre vos finances ni votre avenir. Félicitations! Cela vous donne une coudée d'avance sur un bon nombre de gens qui sont terrifiés à l'idée même de penser à leur retraite, voire à la vie sans leur entreprise. Jusqu'à maintenant, vous vous êtes débrouillé pour gérer votre ménage et votre entreprise sans beaucoup planifier. Mais il ne suffit pas de se débrouiller : vous voulez pouvoir prendre une retraite confortable, avec la liberté de faire ce que vous voulez, confiant que vous avez agi au mieux aussi bien dans votre vie professionnelle qu'à la maison. Cela ne signifie pas que vous devez vous serrer la ceinture au point de ne plus pouvoir respirer. Cela signifie seulement que vous devez prendre un peu de temps pour évaluer où vous en êtes et où vous voulez aller. Vous pourrez alors commencer à prendre des décisions judicieuses pour y arriver. La planification de l'avenir doit s'intégrer à votre vie, non la dominer. Si l'on veut être en bonne santé financière, il suffit de franchir quelques étapes bien pensées pour atteindre la sécurité financière qui permettra de vivre comme on l'entend.

Commencez par vous occuper de vous

La personne la mieux placée pour vous aider est un conseiller financier qualifié. N'hésitez pas à demander conseil. Mais comptez aussi sur vous, sur votre instinct, sur vos désirs. Vous savez mieux que quiconque ce dont vous avez besoin et ce que vous voulez. Les autres peuvent vous aider à rédiger votre plan, à choisir entre les différentes possibilités de placement et à mieux comprendre les stratégies à votre disposition, mais ils ne peuvent pas tout faire. Vous êtes la première personne concernée par votre argent et votre bien-être et, en dernière analyse, c'est vous qui prendrez le mieux soin de votre avenir.

Si vous avez un conjoint ou des associés d'affaires, discutez avec eux de la façon dont ils voient leur avenir et votre avenir ensemble. Vous trouverez peut-être que vous n'avez pas exactement la même vision des choses, mais il vaut mieux vous en rendre compte maintenant que lorsqu'ils décideront de poursuivre une autre carrière et que vous resterez seul à fermer boutique. Une fois que vous saurez tout ce que vous voulez, revenez en arrière, ressortez ces notes où vous avez fait la liste de vos éléments d'actif, de vos dettes et de vos objectifs d'épargne, et réfléchissez à ce que vous pouvez faire pour vous faciliter les choses, maintenant et à l'avenir. Si votre principal problème est votre REER, ou le fait que vous n'en avez pas, examinez votre budget et cherchez des moyens de mettre davantage d'argent de côté pour l'avenir. Si vos finances personnelles et les finances de votre entreprise ressemblent à un buisson de ronces, commencez à les débroussailler pour leur permettre de croître chacunes de leur côté. N'ayez pas peur de demander de l'aide à vos amis et à votre conseiller financier.

Prenez de nouvelles habitudes

Contrairement à ce qu'on entend dire, on n'est jamais trop vieux pour changer. S'il le faut, vous pouvez modifier vos habitudes aujourd'hui même. Il y a une chose que vous ne devez pas oublier : commencez avec peu et ce peu grandira. Pour être financièrement en bonne santé, il est essentiel d'intégrer la planification financière à ses habitudes. Après quelques premiers pas simples pour commencer, vous trouverez bientôt que vous êtes sur le chemin de l'augmentation de votre valeur nette et de l'indépendance financière. Maintenant que vous avez lu ce livre, vous pouvez passer à l'action. Vous ne perdrez pas de poids assis sur un canapé à regarder Jane Fonda faire ses exercices à la télévision; ne vous attendez pas non plus à ce que les bonnes intentions non suivies d'action mettent vos finances en ordre. Commencez dès aujourd'hui!

UNE DERNIÈRE FOIS

Comme nous vous l'avons dit au chapitre 1, en matière de finances, l'évaluation régulière de la situation est la clé d'une gestion saine et d'un avenir sûr. On ne répétera jamais assez ce qui suit :

Évaluez votre situation financière ainsi que vos objectifs financiers à court et à long terme au moins une fois par an. Dressez un plan réaliste et confortable pour vous permettre d'atteindre ces objectifs. Mettez ce plan en pratique sans perdre de vue votre tolérance au risque et les délais que vous vous êtes fixés. Considérez votre conseiller financier comme un médecin — profitez de ses connaissances pour rester en bonne santé financière.

C'est facile. Pensez-y comme à votre revue annuelle. Veillez à inclure ce qui suit dans vos calculs :

- valeur nette
- budget
- testament
- objectifs de retraite
- portefeuille de placement
- besoins d'assurance

Résumé général

1. Faites une liste de ce que vous voulez faire dans votre vie. Inutile de faire des compromis. Vous pouvez réaliser vos objectifs.
2. Procédez à une auto-évaluation et puis triez et organisez votre système de classement.

3. Évaluez votre valeur nette, y compris la valeur de votre entreprise.

4. Veillez à garder une bonne cote de crédit.

5. Gérez votre dette. Dressez un plan pour vous débarrasser de vos dettes avant de prendre votre retraite.

6. N'achetez pas de biens coûteux sans en considérer les conséquences sur vos plans de retraite.

7. Réexaminez votre tolérance au risque et rajustez votre portefeuille de placement en conséquence.

8. N'empruntez pas à Pierre pour donner à Paul : gardez vos finances personnelles séparées des finances de votre entreprise.

9. Maximisez vos cotisations à un REER pour maximiser vos économies d'impôt.

10. Consultez un professionnel pour décider de la meilleure structure à donner à votre entreprise : entreprise individuelle, société de personnes ou société par actions.

11. Revoyez régulièrement votre plan successoral et discutez avec votre famille et vos employés de l'avenir de votre entreprise.

12. Pour protéger votre entreprise, signez un contrat d'associé ou une convention d'actionnaires et souscrivez une assurance-vie et une assurance invalidité adéquates.

Index